农村经济发展创新与金融支持研究

耿积文　吕　英　张延凤◎主编

图书在版编目（CIP）数据

农村经济发展创新与金融支持研究 / 耿积文, 吕英, 张延凤主编. -- 长春 : 时代文艺出版社, 2023.12
ISBN 978-7-5387-7250-0

Ⅰ. ①农… Ⅱ. ①耿… ②吕… ③张… Ⅲ. ①农村金融－金融支持－研究－中国 Ⅳ. ①F832.35

中国国家版本馆CIP数据核字(2023)第205783号

农村经济发展创新与金融支持研究
NONGCUN JINGJI FAZHAN CHUANGXIN YU JINRONG ZHICHI YANJIU
耿积文　吕英　张延凤　主编

出 品 人：吴　刚
责任编辑：孟宇婷
装帧设计：文　树
排版制作：隋淑凤

出版发行：时代文艺出版社
地　　址：长春市福祉大路5788号　龙腾国际大厦A座15层（130118）
电　　话：0431-81629751（总编办）　0431-81629758（发行部）
官方微博：weibo.com/tlapress
开　　本：710mm × 1000mm　1/16
字　　数：280千字
印　　张：14.75
印　　刷：廊坊市广阳区九洲印刷厂
版　　次：2023年12月第1版
印　　次：2023年12月第1次印刷
定　　价：76.00元

编 委 会

前　言

我国农村经济迅猛发展，其内涵越来越丰富，外延愈来愈广泛，给农村经济管理充实了许多新的内容。农村不同于城市，其以合作经济为主体，多产业并存；地域广阔，但交通运输条件相对较差；信息不畅，生产活动受自然条件影响较大；劳动力资源丰富，但文化水平不高，科技吸纳能力较弱，等等。以上决定了农村经济管理的复杂性。此外，农村集体经济是农村文化、社会和生态文明存在与发展的基础和前提，促进农民增收，有利于农村的繁荣发展，有利于拉动国民经济的增长，有利于国家社会稳定。因此，搞好农村经济管理，实现壮大农村集体经济和促进农民增收的双重目标，具有十分重要的现实意义和深远的历史意义。

进入21世纪以来，我国农村的发展进入了一个崭新的阶段。农村经济组织多元化发展、农村产业结构和农民就业结构不断优化，农村产业园区和新型农村社区建设加快，公共服务逐渐向农村延伸、农村基层民主自治日益深化等新事物和新气象层出不穷，对农村经济管理提出了更新更高的要求。因此，农村的发展也对为农村培养各方面专业人才的专业建设和课程建设提出了新的要求。

长期以来，学术界在农村金融领域投入的热情和精力与农村金融在中国金融体系中的重要作用很不对称，农村金融似乎成为被遗忘的一个领域。

然而，随着我国经济体制的转型与经济总量的不断增加，农村经济在社会经济增长中的作用也越来越重要。而农村经济的可持续发展、农民收入的可持续增长、农业产业的转型等都与农村金融的正常运作有着密切的联系。可以说，“草根金融”事关农村经济发展、农民增收和农业产业结构调整的大局，理应受到重视。随着社会主义新农村建设的不断推进，农村金融也迎来了前所未有的发展机遇，必将在改革中焕发出蓬勃的生机和活力，这也是本书将农村金融对农村经济增长的支持作为研究课题的主要原因。

本书在编写过程中，参考和借鉴了有关书籍，吸收了同行专家的研究成果，得到了作者所在院校的大力支持和帮助，在此，一并向他们表示衷心的感谢。由于编者水平有限，本书的不足之处在所难免，希望同行专家和广大读者批评指正。

目　录

第一章　我国农村经济运行的支撑体系

第一节　我国的基本经济制度与农村经营体制

农村的基本经济制度是农村经济运行的重要基础，也是农村经济管理的重要前提。

一、我国的基本经济制度

（一）经济制度的概念与作用

制度一般是指要求大家共同遵守的办事规程或行动准则，也指在一定历史条件下形成的法令、礼俗等规范或规格。经济制度是组织社会经济活动的根本原则，是在社会经济活动的一定（或全部）范围内，人们普遍承认，并且共同遵守的一种行为规范。

一定社会的经济制度是由其社会生产力发展状况决定的。一方面，生产力的发展变化决定着生产关系的发展变化；另一方面，生产关系对于生产力也有反作用。经济制度构成一个社会的经济基础，它决定其政治制度和社会意识形态，并受到政治法律制度的保护。先进的社会经济制度，会推动生产力的发展和社会的进步；落后的社会经济制度，会阻碍生产力的发展和社会的进步。

（二）我国社会主义初级阶段的基本经济制度与构成

由于我国当前还处于社会主义初级阶段，因此我国现阶段应坚持“公有制经济为主体、多种所有制经济共同发展”的基本经济制度。

因此我国的经济构成即可划分为公有制经济和非公有制经济两大类。

1. 公有制经济

（1）国有经济

由社会全体劳动者共同占有生产资料的公有制形式，是国民经济的支柱，掌握着国民经济的命脉，在国民经济中起主导作用。它的发展壮大对于发挥社会主义制度的优越性，增强我国经济实力、国防实力和民族凝聚力，提高国际地位，具有关键作用。

（2）集体经济

由社会部分劳动者共同占有生产资料的一种公有制经济形式。社会主义公有制经济的重要组成部分。可以广泛吸收社会资金、增加公共积累和国家税收；发展集体经济对发挥公有制的优越性，实现共同富裕具有重要作用。

（3）混合所有制经济

由不同所有制经济按照一定的原则进行联合生产或经营的经济形式。它里面的国有成分、集体成分属于公有制经济。

2. 非公有制经济

（1）个体经济

由劳动者个人或家庭占有生产资料，以劳动者自己劳动为基础，劳动成果直接归劳动者所有和支配的经济形式。我国社会主义市场经济的重要组成部分。在利用分散的资源、发展商品生产、促进商品流通、扩大社会服务、方便人民生活、增加就业等方面有着不可替代的作用。

（2）私营经济

以生产资料私有和雇佣劳动为基础，以取得利润为目的的经济形式，可以集中和利用一部分私人资金，为发展生产和满足人民生活需要服务；可以吸收劳动者就业，增加劳动者个人收入和国家税收；对提高国家的综合经济实力有积极作用。

（3）外资经济

外国投资者根据我国法律法规，在我国大陆设立的独资企业，以及中外合资企业、中外合作企业中的外商投资部分，有利于引进外资和先进技术，学习国外先进管理经验；有利于扩大就业、扩大出口，增加财政收入。

二. 我国农村双层经营体制

改革开放以后，我国根据处于社会主义初级阶段的特点，以基本经济制度为前提，逐步在广大农村建立起了以农户家庭承包经营为基础的统分结合的双层经营体制。

（一）双层经营体制的概念与内涵

所谓双层经营，是指在我国农村实行联产承包责任制以后所形成的农户家庭分散经营和集体统一经营相结合的一种经营模式。按照这一经营模式，农村集体经济组织在建立家庭承包经营这个层次的同时，还对一些不适合农户承包经营或农户不愿承包经营的生产项目和经济活动，诸如某些大型农机具的管理使用，大规模的农田基本建设活动，制种、植保、防疫、配种，以及各种产前、产后的农业社会化服务，某些工副业生产等，由集体统一经营和统一管理，从而建立起一个统一经营的层次。由于这种经营体制具有集体经济组织统一经营和农户家庭分散经营两个不同的层次，所以称之为统分结合的双层经营体制。

在我国广大农村，以家庭为单位实行分散经营，适应了现阶段农业生产力水平较低的状况，有利于克服长期存在的管理过分集中、经营方式过分单一，以及吃“大锅饭”的弊端，有利于扩大农民的经营自主权，调动农民的积极性。但是，分散经营难以实现机械化耕作，抗御自然灾害能力较低，而集体经营能够完成一家一户难以承担的生产活动。分散经营的“分”与统一经营的“统”相结合的双层经营体制，可以较好地协调集体利益与个人利益，并使集体统一经营和劳动者自主经营两个积极性同时得到发挥，取得更大的经济效益。

（二）双层经营体制的基本特征

我国农村建立的统分结合的双层经营体制具有以下四个方面的基本特征：

1. 以土地集体所有为基础

推行以家庭联产承包经营为基础的农村双层经营体制，完全保留了土地为劳动农民集体所有的性质，这表明它不仅没有脱离社会主义方向，而且使已经建立起来的农村社会主义经济制度得到了完善。

2. 以土地“两权分离”为前提

土地“两权分离”是指土地的使用权从所有权中分离出来，成为产生家庭经营这一基础层次的前提。实践证明，在土地集体所有制的基础上实行家庭分散经营的“两权分离”，一般优于集体所有、集体统一经营的“两权合一因为“两权分离”后，既充分发挥了家庭个体经营的积极性，又克服了集体高度统一经营的弊端。

3. 以双层经营结构为基本特点

所谓双层经营结构，是指集体统一经营的主导层次和家庭分散经营的基础层次的有机结合，所形成的双层经营的基本构架。从动态的角度看，集体统一经营和家庭分散经营的发展、完善并非齐头并进，在不同地区不同条件下，集体统一经营的层次和家庭分散经营的层次在双层经营结构中的比重并不完全相同，大体有三种情况：一是统分结合以统为主；二是统分结合以分为主；三是统分结合，集体统一经营与家庭分散经营的比重相当。

4. 以种植业为基本经营内容

由于土地的承包经营制度是我国农村经济制度的主要内容，而家庭联产承包责任制的核心又是农户对土地经营权的承包，所以双层经营体制的核心内容是种植业。土地的均等分散承包经营、种植业生产力水平较低及其自身的特点，使种植业中的集体统一经营与家庭分散经营相结合的双层经营体制具有特殊的意义。

（三）农村双层经营体制的构成要素

在农村统分结合的双层经营体制中，其基本的构成要素有以下三个方面：

1. 分散经营的层次——农户家庭

在农村，农户既是社会生活的基本单位，又是社会生产的组织形式。农户家庭经营，是指以农户为生产经营活动单位，以农户劳动力为主，利用农户自有生产工具、设备和资金，在占有的宅基地和通过承包、租赁或其他形式占有的土地上，按照社会市场的需求，独立地或相对独立地从事生产经营活动的方式，是农村统分结合双层经营体制的基础，是农业微观经济组织形式中最重要和最基本的组织形式。

农业生产经营中，农户以家庭为单位向农村集体经济组织承包土地等生产资料和生产任务，其具体形式为：一是包干到户，即承包农户向国家交售合同定购产品以及向集体上交公积金、公益金等公共提留，其余产品全部归农户自己所有；二是包产到户，即对农户定产量、定投资、定工分，超产归自己，减产赔偿。目前，绝大部分地区采用的是包干到户的形式。

农户家庭经营的优越性，一是源自家庭成员具有利益目标的认同感，生产经营中无须监督，管理成本最小；二是源自家庭成员在性别、年龄、体质、技能上的差别，适合于劳动时间被分割得相当细碎的农业生产经营活动，使一些闲散和辅助劳动力也能得到充分利用，有利于社会分工和劳动能力的充分利用；三是源自家庭成员的责任心，有利于实现农业生产经营的劳动对象——动物、植物等生命体对劳动者的特殊要求。

2. 统一经营的层次——农村集体经济组织

农村集体经济组织，即现在的农村社区合作经济组织，产生于20世纪50年代初的农业合作化时期。它是为实行社会主义公有制改造，在自然乡村范围内，由农民自愿联合，将其各自所有的除宅基地以外的生产资料，如土地、大型农机具、耕畜等投入集体所有，由集体组织农业生产经营，农民进行集体劳动，各尽所能，按劳分配的农业社会主义经济组织。它既不同于企业法人，又不同于社会团体，也不同于行政机关，自有其独特的政治性质和法律性质。

由于改革开放以来农村集体经济发展变化很大，在农村家庭联产承包责任制逐步建立以后，原交由集体统一生产经营的耕地、大型农机具、牲畜等生产资料全部或绝大部分承包或分配到农户。此时，农村集体经济组织除了作为农村土地等集体财产的所有者代表，进行发包和承包合同管理之外，还对一些不适合农户承包经营或农户不愿承包经营的生产项目和经济活动，诸如某些大型农机具的管理使用，大规模的农田基本建设活动，制种、植保、防疫、配种以及各种产前、产后的农业社会化服务，某些工副业生产等，进行集体统一经营和统一管理，从而使其成为一个统一经营的层次。

3. 联系两个经营层次的纽带——承包合同

承包合同，是指在实行农业家庭承包经营的过程中，农村集体经济组织与其成员——农户，为了发包、承包集体所有的土地等生产资料，以及依法确定农户长期使用该生产资料，明确其相互权利与义务，而订立的协议。一般来说，可按承包项目的不同分为耕地、果（茶、桑）园、林地、山场、草原、水面、荒山、荒沟、荒丘、荒滩、农业机械、水利设施等承包合同。

签订承包合同必须手续完备，并以标准文本的书面合同形式明确下列内容：

合同的名称，双方当事人（代表人）的单位和姓名；

承包项目，包括资源的名称、品种、数量、地址或者资产的名称、规格、牌号、质量、价值、用途等；

合同的起止时间；

承包经营方式；

双方当事人的权利、义务；

违约责任和奖罚办法；

双方约定的其他事项。

承包合同的标准文本，由省级农业承包合同主管机关统一印制。

承包合同一经签订，即具有法律约束力，从而使农村集体经济组织和农户在生产经营中的合法权益受到法律保护。因此，签订承包合同应坚持以下原则：一是必须符合国家的法律、法规和政策；二是要兼顾国家、集体和个人三者的利益；三是要符合农村集体经济组织章程，遵守农村集体经济组织成员大会或成员代表大会的决议；四是要维护农民的合法权益；五是要有利于农村基本政策和基本经营制度的稳定和完善。

第二节 我国农村基层管理体制

一、我国乡村20世纪80年代开始的“乡政村治”体制

所谓“乡政村治”，包含“乡政”和“村治”两个层面的内容，“乡政”即国家在乡（镇）设置最低一级政府，代表国家对农村进行管理；“村治”即村民自治，在农村成立村民自治组织，实行民主选举、民主决策、民主管理和民主监督。“乡政”体现的是国家权力，而“村治”则是社会权力的化身；“乡政”是主导力量，“村治”是基础。“乡政”和“村治”在权力的来源和性质、权力的结构、权力的运作方式、权力的职能目的等方面表现出诸多不同。

（一）权力的来源与性质

从权力的来源与性质来看，“乡政”和“村治”分享相同的权力来源，

但表现出不同的权力性质。我国宪法规定，国家一切权力属于人民。这就决定了“乡政”所代表的国家权力和“村治”所代表的自治权力都来源于人民。虽然来源相同，但二者性质迥异。“乡政”是国家权力的代表，而“村治”则代表社会权力。“乡政”与“村治”之间的关系就是国家权力和社会权力在基层的关系，这也是与全能化人民公社体制的重要区别。

（二）权力的结构

从权力的结构来看，“乡政”作为最低一级政府，其权力机构是乡镇人民代表大会，权力的执行机构是乡镇人民政府，乡镇党委则对乡镇人民代表大会和乡镇人民政府实行领导；“村治”是基层农民群众的自治，其权力决策机构是村民会议或村民代表会议，权力的执行机构是村民委员会，村党支部是基层的领导核心，凸显党的领导。

（三）权力的运作方式

从权力的运作方式来看，“乡政”体现的是国家权力，代表国家依法对基层施行管理和治理。作为最低一级政府，“乡政”要贯彻落实国家对基层的方针政策，其权力运作方式强调自上而下的行政命令。而“村治”则要求实现村民的民主选举、民主决策、民主管理和民主监督。村民委员会主任、副主任及其成员等都应由村民选举产生，村内公共事务应由村民共同商议决定，村规民约应由村民参与制定。村民自治权力的运作，处处决定于权力对象的意志。

（四）权力的职能目的

从权力的职能目的来看，“乡政”身处国家行政序列的末梢，国家对基层的方针政策，通过层层分解传导，最终落实在“乡政”身上。“乡政”权力的职能目的更多的是为完成国家下达的任务指标，其责任向度更多体现为对上负责。而“村治”并非隶属国家的行政序列。实行村民自治的目的，是为了实现村民自我管理、自我服务、自我教育，通过直接民主的方式，实现村民当家做主，其责任向度更多体现为对下负责。

总而言之，“乡政”和“村治”虽然表现出不同的特点，但在实际的农村基层管理中，这二者是紧密联系在一起的，其表现为，乡政府常常是在业务上指导村民委员会开展工作，而不是通过行政手段强制干涉村民委员会的工作。

二、我国现行的“乡村治理”制度

《中共中央国务院关于实施乡村振兴战略的意见》等文件指出，深刻认识加强基层农村经营管理体系建设具有重要意义。当前，中国特色社会主义进入新时代，农业农村经济发展进入新阶段，农村经营管理工作领域不断拓宽、任务更加繁重。与此同时，基层农村经营管理体系不健全、队伍不稳定、力量不匹配、能力不适应等问题日益凸显。适应农业农村发展新形势新要求，必须切实加强基层农村经营管理体系建设。

（一）加强基层经营管理体系建设是实施乡村振兴战略的迫切需要。党的十九大作出实施乡村振兴战略的重大决策，对农村改革发展进行了全面部署，这关乎亿万农民的切身利益，关系农村社会的长治久安，需要长期不懈地加以推进。为保持工作的连续性和稳定性，迫切需要拥有一支长期扎根农村、熟悉政策、贴近农民的基层农村经营管理队伍，当好决策参谋、加强政策指导、推动组织实施。

（二）加强基层经营管理体系建设是巩固和完善农村基本经营制度的迫切需要。以家庭承包为基础、统分结合的双层经营体制是党的农村政策的基石，必须坚持集体所有权，稳定农户承包权，放活土地经营权，不断完善农村承包地“三权分置”制度，强化农村集体产权权能，激发农业农村发展新动能。顺应这些要求，迫切需要基层农村经营管理队伍加强工作指导，规范引导服务，保证党的农村政策真正落到实处。

（三）加强基层经营管理体系建设是落实农村改革任务的迫切需要。当前农村改革进入深水区和攻坚期，扎实推进农村土地制度、产权制度、经营制度等新一轮农村改革，是农村经营管理部门的重要职责，这支队伍有没有、强不强直接决定着改革的质量和效率，必须通过强化农村经营管理体系的建设，保障这些重大改革任务的落实。

（四）加强基层经营管理体系建设是维护农民合法权益的迫切需要。保障农民的民主权利，维护农民的物质利益，事关党在农村的执政基础，是党的农村工作的出发点和落脚点，是完善乡村治理机制、推进农村社会建设的重要任务。基层农村经营管理体系承担着指导农村集体经济发展、新型农业经营主体培育、集体资产管理、农村财务会计管理和审计监督、农民负担监管、农村土地承包经营纠纷调解仲裁等重要职责，这些都与农民的权益息息相关，迫切需要基层农村经营管理体系加强规范管理，协调各方利益，化解矛盾纠纷，切实维护农民的各项合法权益。

三、我国行政村的“三位一体”管理体制

改革开放以来，我国的行政村一级逐步形成了以党组织为领导核心，村民自治组织和村级集体经济组织各司其职的“三位一体”管理体制。

（一）村级党组织

村级党组织是党在农村的基层组织，是本村各种组织和各项工作的领导核心，是团结带领广大党员和群众建设社会主义新农村的战斗堡垒。村级党组织的主要职责：一是贯彻执政党的路线、方针、政策和上级党组织及本村党员代表大会或党员大会的决议；二是讨论决定本村经济建设和社会发展中的重要问题，而需由村民委员会、村民会议或集体经济组织决定的事项，由村民委员会、村民会议或集体经济组织依照法律和有关规定做出决定；三是领导和推进村级民主选举、民主决策、民主管理、民主监督，支持和保障村民委员会依法开展自治活动，领导村民委员会、村集体经济组织和共青团、妇代会、民兵等群众组织，支持和保证这些组织依照国家法律法规及各自章程充分行使职权；四是搞好党组织领导班子的自身建设，对党员进行教育、管理和监督，并负责对要求入党的积极分子进行教育和

培养，做好发展党员工作；五是负责村、组干部和村办企业管理人员的教育管理和监督；六是搞好本村的社会主义精神文明建设和社会治安、计划生育工作。

（二）村民自治组织

村民自治是农村社会的基本治理模式，是我国农村社会治理的基础。村民委员会的主要职责：一是宣传贯彻宪法、法律、法规和国家的政策，维护村民合法权益，教育和推动村民履行法律、法规规定的义务，发展文化教育，普及科技知识，促进村和村之间的团结、互助，开展多种形式的社会主义精神文明建设活动；二是依照法律规定，管理本村属于村农民集体所有的土地和其他财产，教育村民合理利用自然资源，保护和改善生态环境；三是支持和组织村民依法发展各种形式的合作经济和其他经济，承担本村生产的服务和协调工作，促进农村生产和社会主义市场经济的发展；四是尊重村集体经济组织依法独立进行经济活动的自主权，维护以家庭承包经营为基础、统分结合的双层经营体制，保障集体经济组织和村民、承包经营户、联户或者合伙的合法财产权和其他合法权利与利益；五是举办和管理本村的公共事务和公益事业；六是组织实施本村的建设规划，兴修水利、道路等基础设施，指导村民建设住宅；七是依法调解民间纠纷，协助维护本村的社会治安，向人民政府反映村民的意见要求和提出建议；八是向村民会议或者村民代表会议报告工作并接受评议，执行村民会议或者村民代表会议的决议、决定；九是建立健全村务公开和民主管理制度；十是法律、法规规定的其他职责。

（三）村级集体经济组织

村级集体经济组织，即农村社区合作经济组织，是农村土地等基本生产资料的所有者，是农村劳动群众在基本生产资料公有的基础上进行生产经营活动所形成的经济关系在组织上的体现。凡属于村级集体经济组织所有的土地、山林、水面、滩涂、企业及其他公共财产，受国家法律保护，任何单位和个人不得侵犯。村级集体经济组织具有以下职权：一是对法律规定属于集体所有的土地、林木、山岭、草原、荒地、水面、滩涂、农业机械、农田水利设施，以及建筑物和工业设备等生产资料拥有所有权；二是根据有关法规，制定本组织章程，对组织内部的经营管理享有自主权；三是对本组织所有的生产资料，有权发包给本组织成员或者外来人员经营，并取得合理的收益；四是对国家所有而依法确定由本集体经济组织使用的土地、森林、山岭、草原、荒地、滩涂、水面等自然资源，依法享有使用、收益的权利；五是依据国家计划和市场需求，根据当地的资源条件，有权与国家有关部门及其他经济组织签订购销合同或者劳务合同，推销本组织的产品，输出或者引进劳动力和科技人才；六是有权获得金融机构的贷款，接受社会的生产扶持或者馈赠；七是有权按规定确定并实施本组织内部集体收益的分配；八是有权拒绝不合法的收费和摊派；九是法律、法规规定的其他权利。

四、我国现阶段新型农村社区建设的探索

建设新农村、建设农村社区的活动在全国普遍开展起来，新型农村社区应运而生。新型农村社区的出现，是农村改革发展的必然结果，反映了广大农民群众渴望新生活的迫切愿望，也反映了城乡一体化发展的大趋势。

所谓新型农村社区，就是指打破原有的村庄界限，把两个或两个以上的自然村或行政村，经过统一规划，按照统一要求，在一定的期限内搬迁合并，统一建设新的居民住房和服务设施，统一规划和调整产业布局，组建成新的农民生产生活共同体，形成农村新的居住模式、服务管理模式和产业格局。新型农村社区建设，既不是简单的村庄翻新，也不是单纯的人口集聚，而是通过新社区建设，改变农民生活和生产方式，提升农民生活质量，集约使用土地，优化产业结构，发展农村二、三产业，推进农业现代化，促进农民就地就近转移就业，加快缩小城乡差距，让农民享受到跟城里人一样的公共服务，过上像城里人那样的现代文明生活，共享经济发

展、社会进步所带来的物质和精神文明成果。

目前，在新型农村社区建设的探索中，主要形成了以下几种模式：

（一）搬迁重建模式

它是指一些处于生活环境恶劣，如面临天旱绝收、缺乏饮用水源、交通困难、山洪和泥石流多发等问题而难以彻底解决的村庄，在政府的统一安排下，向异地搬迁，向中心村集中，并采用新型建筑材料和新的居住方式建设新型农村社区的模式。

（二）园区带动模式

它是指因农业园区及农民就业基地建设的需要而对周边村庄实施搬迁，按照新型农村社区的建设标准统一组建新型农村社区，同步配套基础设施和公共服务设施，使园区或就业基地获得发展空间，农民获得就业岗位，农村社区获得新的改造的模式。

（三）滚动发展模式

它是指对部分人口规模超大、一次性投入困难的村庄，按照统一规划、统一配套、统一样式、统一标准的要求，实行滚动式、分阶段建设，逐步完成村庄改造，建成面貌焕然一新的新型农村社区的模式。

（四）联村共建模式

它是指远离城镇的村庄，依据综合条件，因地制宜地选择中心村位置，打破行政区域和村庄界限，对周边村庄进行撤并，实施中心村扩容，并进一步完善基础设施和公共服务设施，共同组建功能齐全的新型农村社区的模式。

（五）村企联建模式

为缓解建设资金不足的困难，农村社区合作经济组织（农村集体经济组织）在确保农民利益的前提下，可与企业等联手开发兴建新型农村社区，企业以资金和技术入股，农村社区合作经济组织以集体土地入股，形成新的股份制经济组织，所产生的效益实施按股分红，从而有效保障双方权益的模式。

（六）自主建设模式

它是指具有经济实力或经营能力的农村社区合作经济组织（农村集体经济组织）注册工程公司，引导农民以资产和资金入股形成股份合作制经济组织，承揽村民住宅、基础设施和公共服务设施等建设工程，实施自主建设、自我管理和自主发展的模式。

（七）双生（生产生活）联动开发模式

它是指旅游资源丰富的村庄，把新民居建设同乡村旅游开发结合起来，达到既改善农民居住条件，又提升旅游接待档次的模式

（八）土地增值发展模式

它是指对靠近城市区域的村庄，发挥其地缘优势，将原有宅基地与农用地依法置换，对新建农村社区后剩余的宅基地部分依法变更为建设用地，充分利用土地增值空间，发展第二、三产业，推动新型农村社区建设和农村经济同步发展的模式。

新型农村社区的建设，必将改变我国农村的生产生活方式，改变传统的管理体制，为农村经济管理的体制机制创新提出了新的要求。

第三节　我国农村市场体系

在市场经济体制下，市场机制是配置资源的重要手段。因此，在农村，支撑市场机制运行的农村市场体系，是农村经济运行的重要基础。

一、我国的社会主义市场经济体制

（一）市场经济

1. 市场经济的有关概念

（1）资源配置

它是指在经济运行过程中，各种现实的生产性资源（如资本、劳动力、

技术、自然资源等）在不同部门之间的分配和不同方向上的使用。资源配置有计划和市场两种方式。

（2）市场机制

即市场经济的运行机制，是指市场有机体内的价格、供求、竞争等要素之间互相联系与作用的机理。市场机制通常包括价格机制、供求机制和竞争机制。

（3）市场经济

它是指主要依靠市场机制来配置社会资源和调节人们利益关系的一种经济。也就是说，市场经济是市场在资源配置中起基础性作用的经济。

2. 市场经济的一般属性

（1）市场经济是货币经济

货币经济所强调的是在生产领域之外的商品与货币交换，其本质是货币作为价值尺度和流通手段发挥着重要作用。作为价值尺度，在交换过程中，所有商品的价值都化为计算货币；作为流通手段，在不断转手的过程中仅有货币的象征存在。

（2）市场经济是自主经济

其实质是市场主体不管是人还是企业，必须具有独立的产权、独立的经济利益，是自主经营、自负盈亏、自我约束、自我发展的商品生产者或经营者。

（3）市场经济是竞争经济

其实质是在商品经济条件下，商品生产经营者之间以市场为中心争取有利的产销条件和投资场所。其基本特征，一是必须发生在两个或两个以上的主体之间，二是必须发生在同行业的生产经营活动中，三是必须发生在同一个特定的商品市场或劳务市场上。

（4）市场经济是法制经济

法治经济是指国家通过制定法律、法规，使整个经济按照法律预定的方式健康有序地发展。法治经济在本质上是信用经济。诚实守信是市场经济法律制度得以实现的保证，是所有市场主体在经营活动中必须遵守的行为规范。它要求各自独立的市场主体之间在经济往来中讲信用，杜绝欺诈行为。

（5）市场经济是开放型经济

在开放型经济中，要素、商品与服务可以比较自由地跨国界流动，从而实现最优资源配置和最大经济效益。开放经济强调把国内经济和整个国际市场联系起来，尽可能充分地参与国际分工，同时在国际分工中发挥本国经济的比较优势。

（二）社会主义市场经济体制的概念与特点

1. 社会主义市场经济体制的概念

市场经济体制是指以市场机制作为配置社会资源基本手段的一种经济体制。因此，社会主义市场经济体制就是在社会主义国家宏观调控下，使市场在资源配置中起基础性作用的一种经济体制，是社会主义生产关系借以实现的具体形式。事实上，社会主义市场经济是市场机制与公有制为主体、多种所有制并存的所有制结构相结合的市场经济，而不是建立在私有制基础上的市场经济。

2. 社会主义市场经济体制的特点

社会主义市场经济所具有的特性，是由作为社会主义基本制度所具有的规定性决定的，也是社会主义市场经济体制同社会主义基本制度相结合而形成的制度性特征。

（1）在所有制结构上

以包括全民所有制和集体所有制在内的公有制经济为主体，个体经济、私营经济、外资经济等多种所有制经济长期共同发展，而且不同经济成分还可以自愿实行多种形式的联合。

（2）在分配制度上

以按劳分配为主体，其他分配方式为补充，效率优先，兼顾公平。

（3）在宏观调控上

社会主义国家能够把人民的当前利益与长远利益、局部利益与整体利益结合起来，更好地发挥计划与市场两种手段的长处。事实上，社会主义制度优越性的重要表现之一，就是能够做到全国一盘棋，集中力量办大事，能够更好地处理中央与地方、全局与局部的关系。

（三）我国社会主义市场经济体制的基本内容

对社会主义市场经济体制的基本框架主要有以下几方面的内容：

1. 规范的现代企业制度

坚持以公有制为主体，多种经济成分共同发展的方针，形成产权清晰、权责明确、政企分开、管理科学的现代企业制度。

2. 统一开放的市场体系

建立全国统一开放的市场体系，实现城乡市场紧密结合，国内市场与国际市场相互衔接，促进资源的优化配置。

3. 健全的宏观调控系统

转变政府管理经济的职能，建立以间接手段为主的完善的宏观调控体系，保证国民经济的健康运行。

4. 合理的收入分配制度

建立以按劳分配为主体，多种分配方式并存，体现效率优先，兼顾公平的个人收入分配制度。

5. 完善的社会保障制度

建立多层次的社会保障制度，为城乡居民提供与我国国情相适应的社会保障，促进经济发展和保持社会稳定。

以上五个主要方面是相互联系和相互制约的有机整体，构成社会主义市场经济体制的基本内容。

二、市场的概念、构成要素与分类

（一）市场的概念

市场是生产力发展到一定阶段的产物，它随着商品经济的产生而产生，随着商品经济的发展而发展。市场有狭义和广义之分。狭义的市场是指商品和劳务交换的场所；而广义的市场是指商品交换过程中商品交换关系的总和。

市场作为商品交换关系的总和，体现了商品经济条件下，人们在生产、交换、分配和消费中形成的各种经济关系。由于商品经济下的各种经济活动都是通过市场来进行的，因而商品经济就表现为市场经济。

（二）市场的构成要素

市场作为商品交换关系的总和，它所表现出来的是一个由市场主体、市场客体、市场构成、宏观调控、市场法规等要素组成的完整的统一体。

1. 市场主体

市场交换活动是由人来进行的，离开了人的具体的生产活动和交换活动，市场就不复存在。人是从事经济活动的主体，自然也就是市场经济的主体。所以，市场主体就是从事市场交换和为了进行交换而进行生产的人和人的群体。农村市场主体是农民，农民的特点决定了农村市场的发展。

2. 市场客体

市场客体是指用于市场交换的指向物，即用于交换的物品和劳务。一种物品或劳务要成为市场交换的客体，必须具备以下几个特性：

（1）它必须能够满足人的某种需要；

（2）相交换的物品或劳务虽然具有不同的使用价值，但能够分别满足交换双方的需要；

（3）能够用于交换的必须是稀缺的物品或劳务；

（4）相互交换的物品或劳务不仅要有不同的效用，而且还要有价值量的差别等。

3. 市场构成

既然市场是商品交换关系的总和，它可以有固定场所，也可以没有固定场所，因此，现代社会的市场构成是非常复杂的。从市场要素的特点来看，有物质商品市场、服务市场、劳动力市场、资本市场等；从市场供应商的特征来看，有完全竞争市场、完全垄断市场、垄断竞争市场和寡头垄断市场等；从市场涉及的范围来看，有区域市场、民族市场和国际市场等。

4. 宏观调控与市场法规

经济发展的实践证明，市场作为配置资源的基本手段具有较多的优点，但也存在一定的缺陷，这使它不能独自很好地完成资源配置的任务。因此，在现代社会里，宏观调控及市场法规也是市场的构成要素。

（三）**市场的分类**

实践中，往往由于出发点不同，对市场的分类有多种形式。

1. 按照商品流通的区域分类

可分为国内市场与国际市场。

2. 按照商品属性分类

如果按照商品的物质性进行分类，可分成物质商品（或称有形商品）市场和非物质商品（或称无形商品）市场；如果按照商品的使用性质进行分类，可分成生产资料市场和生活资料市场；如果按照商品的使用归属部门进行分类，可分成工业用品市场、农业用品市场、文化用品市场、人才市场、技术市场、信息市场、劳务市场、服务市场等。

3. 按照生产者的生产特征分类

可分成生产要素市场和产品销售市场等。

4. 按市场要素的特征分类

可分成商品市场、劳动力市场、土地市场、资金市场、技术市场和信息市场等。

5. 按照供应商的属性分类

可分成完全垄断市场、寡头垄断市场、垄断竞争市场和完全竞争市场。

6. 按照市场需求关系分类

可分成卖方市场和买方市场。

7. 按照交易对象的时间特性分类

可分成现货市场和期货市场。

8. 按照购买者分类

可分成妇女用品市场、儿童用品市场、青少年用品市场、中年人用品市场和老年人用品市场等。

9. 按照购买者的购买目的和身份分类

可分成消费者市场、生产商市场、中间商市场和政府市场。

10. 按照单笔流通量分类

可分成批发市场和零售市场。

三、我国农村市场体系

（一）我国农村市场体系的概念与构成

农村市场体系就是在农村范围内实现商品流通功能的一系列市场及其关系的总和，包括农村生活消费品市场、农产品市场、农村生产要素市场和农村其他专业市场等。

1. 农村生活消费品市场

农村生活消费品市场是指在农村实现生活消费品流通的一类市场。同样，它也有狭义与广义之分，狭义的农村生活消费品市场是指以农村为范围实现生活消费品交换的场所；而广义的农村生活消费品市场是指以农村为范围的生活消费品在交换过程中所形成的交换关系的总和。这类市场可按照其在商品流通渠道中所处的位置不同分为农村生活消费品批发市场和农村生活消费品零售市场。

2. 农村生产要素市场

生产要素是进行物质生产所必需的一切要素及其环境条件。优化农村生产要素配置是发展农村生产力的有效途径。实际上，农村生产要素市场是以农村为范围实现生产要素流通的一类市场，是有效配置农村生产要素的重要基础。同样，农村生产要素市场也有狭义与广义之分。狭义的农村生产要素市场是指以农村为范围实现生产要素交换的场所；而广义的农村生产要素市场是指以农村为范围的生产要素在交换过程中所形成的交换关系的总和。这类市场可按照流通的具体要素不同分为农村劳动力市场、农资市场、农村技术市场、农村信息市场、农村资本市场、农村土地经营权流转市场等。

3. 农产品市场

农产品市场是实现农产品流通的一类市场。它也有狭义与广义之分。狭义来讲，是指农产品交易的场所；广义来说，是指实现农产品价值和使用价值的各种交换关系的总和。由于农产品生产的特殊性，农产品市场具有以下几个方面的特点：一是农产品市场具有明显的季节性特点，二是农产品市场流通具有从分散到集中的特点；三是农产品市场经营具有鲜明的地域性特点。实践中，农产品市场具有的类型有：农产品零售市场、农产品集贸市场、农产品批发市场、农产品期货市场等。除农产品交换功能以外，与一般的市场一样，农产品市场还具有自组织与自协调、调节资源配置、信息传导和经济利益分配等功能。

4. 农村工业品市场

农村工业品市场是以农村为范围实现工业产品流通的一类市场。同样，它也有狭义与广义之分，狭义的农村工业品市场是指以农村为范围实现工业品交换的场所；而广义的农村工业品市场是指以农村为范围的工业品在交换过程中所形成的交换关系的总和。农村工业品市场是改革开放以来我国农村市场建设中的重要制度创新，它对农村经济的发展和市场机制的建立起到了十分重要的作用。

5. 农村专业市场

专业市场是一种以现货批发为主，集中交易某一类商品或者若干类具有较强互补性或替代性商品的场所，是一种大规模集中交易的坐商式的市场制度安排。其主要特点：一是一种典型的有形市场；二是以批发为主，兼营零售；三是集中交易，有一定数量规模的卖者，接近完全竞争的市场结构；四是以现货交易为主，远期合同交易为辅。专业市场的主要经济功能是通过可共享的规模巨大的交易平台和销售网络，节约中小企业和批发商的交易费用，形成具有强大竞争力的批发价格。专业市场的优势，是在交易方式专业化和交易网络设施共享化的基础上，形成了交易领域的规模经济，从而确立了商品的低交易费用优势。

（二）我国农村市场体系的建设

为了完善社会主义市场经济体制，繁荣我国农村经济，应着力加强农村市场体系建设。当前，应主要做好以下几个方面的工作：

1. 系统建设农村生活消费品和农资流通网络

进一步鼓励更多的流通企业进入农村流通市场，积极推进农业生产资料连锁经营进乡镇、生活消费品连锁经营进村庄、农副产品进市场的“三进工程”，形成更全面的便民利民的农村生活消费品和农资流通网络。

2. 加快农产品流通基础设施建设

农产品批发市场、冷链系统、物流中心、农贸市场等流通基础设施是农业产业化发展的市场支撑。当前，要创新机制，加大投入，加快农产品批发市场、农产品冷链硬件基础设施、物流中心等涉及农产品流通的基础设施建设。

3. 深入建设农产品流通渠道

当前我国农产品流通主要是通过农产品批发市场、集贸市场、出口市场、期货市场、网上交易市场和超市等渠道，其间虽然有交叉，但总体上看都能独立成为农产品流通的重要渠道。下一步应着力整合资源，着力深入建设农产品批发市场体系、规范建设农产品集贸市场、积极推进“农超对接”，以及大力开拓我国农产品出口市场和提升农产品出口竞争力。

4. 积极发展农产品期货和电子交易等无形市场

农产品期货市场和电子交易等无形市场已经成为我国农产品流通的一个重要渠道，要不断增加农产品期货交易品种和发展农产品电子交易市场，以深入建设和完善我国的农村市场体系。

5. 积极培育壮大农产品加工与流通主体

在我国农产品流通中，农产品加工和流通龙头企业、农民专业合作经济组织、运销大户等多种主体发挥着重要作用。因此，一要积极引导农民依法成立专业合作经济组织，提高农民参与农产品流通的主动性和组织化程度；二要围绕农产品流通、储运加工、质量安全、国内外市场等内容，加强对农民专业合作经济组织、中介组织、经纪人、农产品加工和流通企业的有关人员进行多层次的培训，增强其市场开拓能力；三要扶持农产品加工企业延长产业链，缓解农产品卖难压力，同时实现农产品加工增值；四要鼓励农业龙头企业和流通组织发展连锁经营、加工配送、直供直销等新型营销方式，形成产销一体化，培育一批具有较强核心竞争力的农产品大型流通企业。

6. 努力抓好农村商务信息网络建设

要继续夯实农村商务信息网络的发展基础，继续完善省、地、县三级信息服务网络，并逐步把网络向更多乡、村延伸，加强国内外农产品市场信息的收集、研究和发布工作，引导农业生产，促进农产品流通。

7. 完善农村市场相关法律法规体系和加强执法

虽然我国加快了农村市场相关法律法规和标准体系建设，但农村市场法律法规体系建设仍然需要从国家法律、地方法规、行政规章、规范性文件等多个层次来完善，要逐步健全我国食品、药品、农资安全信用的监管体制，征信制度，评价制度，披露制度，服务制度和奖惩制度等。同时，要进一步严格执法，打击农村制售假冒伪劣商品的不法行为，严厉处罚违法经营假冒伪劣有害商品行为，深入开展“农资打假下乡活动”和不断强化农资生产监管，营造一个规范有序的市场环境。

四、乡村振兴战略规划

实施乡村振兴战略是一项长期的历史性任务，也是一项复杂的系统工程，必须规划先行，谋定而动。本章首先对乡村振兴战略规划作了概述，其次分析了乡村规划的历史演进及乡村振兴战略规划面临的形势，最后揭示了乡村振兴战略规划制定的基础与分类。

（一）乡村振兴战略规划的含义

乡村振兴战略规划是基础和关键，其作用是为实施乡村振兴战略提供重要保障。同时，在编制乡村振兴战略规划应把握五个方面的重点：

1. 乡村振兴战略规划的作用与功能

（1）乡村振兴战略规划的作用

①为实施乡村振兴战略提供重要保障

2018 年 5 月 31 日，中央政治局会议在审议国家《乡村振兴战略规划（2018—2022 年）》时指出，要抓紧编制乡村振兴规划和专项规划。制定乡村振兴战略规划，明确总体思路、发展布局、目标任务、政策措施，有利于发挥集中力量办大事的社会主义制度优势；有利于凝心聚力，统一思想，形成工作合力；有利于合理引导社会共识，广泛调动各方面积极性和创造性。

②是实施乡村振兴战略的基础和关键

2018 年的中央一号文件提出，实施乡村振兴战略要实行中央统筹、省负总责、市县抓落实的工作机制。编制一个立足全局、切合实际、科学合理的乡村振兴战略规划，有助于充分发挥融合城乡的凝聚功能，统筹合理布局城乡生产、生活、生态空间，切实构筑城乡要素双向流动的体制机制，培育发展动能，实现农业农村高质量发展。制定出台乡村振兴战略规划，既是实施乡村振兴战略的基础和关键，又是有力有效的工作抓手。当前，编制各级乡村振兴规划迫在眉睫。国家乡村振兴战略规划即将出台，省级层面的乡村振兴战略规划正在抓紧制定，有的省份已经出台；各地围绕乡村振兴战略都在酝酿策划相应的政策和举措，有的甚至启动了一批项目；全国上下、社会各界特别是在农业农村一线工作的广大干部职工和农民朋友都对乡村振兴充满期待。以上这些都迫切要求各地尽快制定乡村振兴规划，一方面与国家和省级乡村振兴战略规划相衔接，另一方面统领本县域乡村振兴各项工作扎实有序开展。

③有助于整合和统领各专项规划

乡村振兴涉及产业发展、生态保护、乡村治理、文化建设、人才培养等诸多方面，相关领域或行业都有相应的发展思路和目标任务，有的已经编制了专项规划，但难免出现内容交叉、不尽协调等问题。通过编制乡村振兴规划，在有效集成各专项和行业规划的基础上，对乡村振兴的目标、任务、措施做出总体安排，有助于统领各专项规划的实施，切实形成城乡融合、区域一体、多规合一的规划体系。

④有助于优化空间布局，促进生产、生活、生态协调发展

长期以来，我国农业综合生产能力不断提升，为保供给、促民生、稳增长做出重要贡献，但在高速发展的同时，农业农村生产、生活、生态不相协调的问题日益突出，制约了农业高质量发展。通过编制乡村振兴规划，全面统筹农业农村空间结构，优化农业生产布局，有利于推动形成与资源环境承载力相匹配、与村镇居住相适宜、与生态环境相协调的农业发展格局。

⑤有助于分类推进村庄建设

随着农业农村经济的不断发展，村庄建设、农民建房持续升温，农民的居住条件明显改善，但千村一面现象仍然突出。通过编制乡村振兴规划，科学把握各地地域特色、民俗风情、文化传承和历史脉络，不搞一刀切、不搞统一模式，有利于保护乡村的多样性、差异性，打造各具特色、不同风格的美丽乡村，从整体上提高村庄建设质量和水平。

⑥有助于推动资源要素合理流动

长期以来，受城乡二元体制机制约束，劳动力、资金等各种资源要素不断向城市聚集，造成农村严重“失血”和“贫血”。通过编制乡村振兴规划，贯彻城乡融合发展要求，抓住钱、地、人等关键要素，谋划有效举措，打破城乡二元体制壁垒，促进资源要素在城乡间合理流动、平等交换，有

利于改善农业农村发展条件，加快补齐发展“短板”。

（2）乡村振兴战略规划的功能

乡村在其成长过程中，始终沿着两个维度发展，一个维度是适应乡村生产，另一个维度是方便乡村生活。在此基础上衍生出乡村的诸如生产价值、生活价值、生态价值、社会价值、文化价值等，维系着乡村的和谐与可持续发展。乡村振兴不是要另起炉灶建设一个新村，而是要在尊重乡村固有价值基础上使传统的乡村价值得到提升。乡村振兴战略的目标，无论是产业兴旺、生态宜居，还是乡风文明、治理有效、生活富裕，只有在遵循乡村价值的基础上才能获得事半功倍效果，脱离乡村价值体系的项目投入多数会因难以融入乡村体系而成为项目“孤岛”。因此，发现和科学认识乡村价值是乡村振兴战略规划的前提。

①生产与经济价值功能

一方面，乡村为耕地保护、土地综合利用、精耕细作提供了条件；另一方面，乡村通过发展种植业养殖业，为农民生产与生活能量循环提供保障。正是有乡村的存在，才有循环农业文化的传承和发展。乡村也为庭院经济、乡村手工业得以存在和发展提供空间。村落形态与格局、田园景观、乡村文化与村民生活连同乡村环境一起构成重要的乡村产业资源。近些年，乡村旅游、特色农业的发展，既验证了绿水青山就是金山银山的理念，也充分体现了乡村的存在是产业兴旺和农民生活富裕的基础。产业兴旺一定是多业并举，种植业、养殖业、手工业和乡村休闲旅游业等都只有在乡村这个平台上才能满足人们对美好生活的需求，实现真正的产业融合。

②生态与生活价值功能

乡村作为完整的复合生态系统，以村落地域为空间载体，将村落的自然环境、经济环境和社会环境通过物质循环、能量流动和信息传递等机制，综合作用于农民的生产生活。乡村的生态价值不仅在于乡村坐落于青山绿水之间的怡人村落环境，更主要体现在乡村内部所具有的生态文明系统：天人合一的理念，维系着人与自然的和谐，体现着劳动人民尊重自然、利用自然的智慧；自给性消费方式减少了人们对市场的依赖，因农民需要而维系了生物多样性；与大自然节拍相吻合的慢生活节奏，被认为是有利于身心健康的生活方式；低碳的生活传统，种养结合，生产与生活循环体系等，构成了乡村独特的生态系统和生态文化，凸显着劳动人民充分利用乡村资源的生存智慧。乡村的宜居环境不仅包括村落环境、完善的基础设施和舒适的民宅建设，还包括了和谐的邻里关系与群体闲暇活动为人们带来了精神的愉悦；正因如此，乡村被认为是理想的养生、养老、养心社区。在乡村建设实践中如果忽视乡村生态价值，盲目模仿城市建设模式，就会导致循环农业链中断，乡村垃圾问题凸显，乡村人与环境、人与资源问题突出等问题。

③文化与教化价值功能

文化与教化价值是乡村治理和乡风文明的重要载体。中国乡村文化不仅表现在山水风情自成一体，特色院落、村落、田园相得益彰，更重要地表现在乡村所具有的信仰、道德，所保存的习俗和所形成的品格。特别是诸如耕作制度、农耕习俗、节日时令、地方知识和生活习惯等活态的农业文化，无不体现着人与自然和谐发展的生存智慧。在食品保障、原料供给、就业增收、生态保护、观光休闲、文化传承、科学研究等方面均具有重要价值。同时，我们必须认识到尊老爱幼、守望相助、诚实守信、邻里和睦等优秀传统，是乡风文明建设和乡村有效治理的重要文化资源。农事活动、熟人交往、节日庆典、民俗习惯、地方经验、民间传统、村落舆论、村规民约、示范与模仿等，都是维系村落价值系统的重要载体，不断强化着人们的行为规范，而且是以润物无声的形式深入人们的内心世界，内化为行为准则。

乡村振兴战略规划若缺乏对乡村特点和价值体系的认识，其结果自然是难以适应农民的生产与生活，更谈不上传承优秀传统文化。因此，乡村振兴规划要以乡村价值系统为基础，善于发现乡村价值，探索提升乡村价值的途径。乡村价值的提升一方面可以通过乡村价值放大来实现，如发展地方特色种植业、养殖业和手工业，这种产业具有鲜明的地域特色，不可复制和替代，凸显其地方特色与品牌价值，也可以通过农业和乡村功能的扩展，实现其经济价值；另一方面赋予乡村体系以新的价值和功能，如发展文旅农融合产业，把乡村生态、生活、教育等价值转变成财富资源，发展乡村休闲、观光、体验等新兴产业。乡村振兴欢迎外来力量的介入，外来人可以帮助乡村发现其特有价值，并利用乡村价值为乡村造福。外来资金可以帮助乡村做想做而做不成的事情，为乡村注入新的动力。但是需要强调的是，无论外来的人才还是外来资金都不能取代农民主体地位，不能削弱乡村庄体性。只有在充分尊重农民主体地位和乡村价值体系的基础上，乡村振兴的各项目标才能实现。

2. 编制乡村振兴战略规划应把握的重点

（1）丰富网络经济视角

当今世界，随着全球化、信息化的深入推进，网络经济的影响日益深化和普遍化。

随着交通路网特别是高铁网、航空网和信息网络基础设施的发展，在实施乡村振兴战略的过程中，如何利用网络效应、培育网络效应的问题迅速凸显起来。任何网络都有节点和链接线两类要素，网络功能是二者有机结合、综合作用的结果。在实施乡村振兴战略的过程中，粮食生产功能区、重要农产品生产保护区、特色农产品优势区、农村产业融合示范园、中心村、中心镇等载体和平台都可以看作推进乡村振兴的网络节点，交通路网基础设施、信息网络基础设施都可以看作推进乡村振兴的链接线；也可以把各类新型经营主体、各类社会组织视作推进乡村振兴的网络节点，把面向新型经营主体或各类社会组织的服务体系看作链接线；把产业兴旺、生态宜居、乡风文明、治理有效、生活富裕等五大维度，或乡村产业振兴、人才振兴、文化振兴、生态振兴、组织振兴等五大振兴作为推进乡村振兴的网络节点，把推进乡村振兴的体制机制、政策环境或运行生态建设作为链接线，这也是一种分析视角。在实施乡村振兴战略的过程中，部分关键性节点或链接线建设，对于推进乡村振兴的高质量发展，可能具有画龙点睛的作用。在编制乡村振兴战略规划的过程中需要高度重视这一点。

如果推进乡村振兴的不同节点之间呈现互补关系，那么，推进乡村振兴的重大节点项目建设或工程、行动，在未形成网络效应前，部分项目、工程、行动的单项直接效益可能不高；但待网络轮廓初显后，就可能在这些项目或工程、行动之间形成日趋紧密、不断增强的资源、要素、市场或环境联系，达到互为生态、相互烘托、互促共升的效果，产生日益重大的经济、社会、生态、文化价值，带动乡村功能价值的迅速提升。甚至在此背景下，对少数关键性节点或链接线建设的投资或支持，其重点也应从追求项目价值最大化转向追求网络价值最大化。当然，如果推进乡村振兴的不同节点或链接线之间呈现互斥关系，则部分关键性节点或链接线建设的影响，可能正好相反，要防止其导致乡村价值的迅速贬值。

在乡村振兴规划的编制和实施过程中，培育网络经济视角，对于完善乡村振兴的规划布局，更好地发挥新型城镇化或城市群对乡村振兴的引领、辐射、带动作用具有重要意义。要注意通过在城市群内部培育不同类型城市之间错位发展、分工协作、优势互补、网络发展新格局，带动城市群质量的提高，更好地发挥城市群对解决工农城乡发展失衡、“三农”发展不充分问题的辐射带动作用。也要注意引导县城和小城镇、中心村、中心镇、特色小镇甚至农村居民点、农村产业园或功能区，增进同所在城市群内部区域中心城市（镇）之间的分工协作和有机联系，培育网络发展新格局，为带动提升乡村功能价值创造条件。

要结合培育网络经济视角，在乡村振兴规划的编制和实施过程中，加强对乡村振兴的分类施策。部分乡村能够有效融入所在城市群，或在相互之间能够形成特色鲜明、分工协作、优势互补、网络发展新关联，应该积极引导其分别走上集聚提升型、城郊融合型、卫星村镇型、特色文化或景观保护型、向城市转型等不同发展道路。部分村庄日益丧失生存发展的条件，或孤立于所在城市群或区域性的生产生活网络，此类村庄的衰败不仅是难以根本扭转的趋势，还可以为在总体上推进乡村振兴创造更好的条件。如果不顾条件，盲目要求此类乡村实现振兴，将会付出巨大的经济社会或生态文化代价，影响乡村振兴的高质量发展和可持续发展。

此外，用网络经济视角编制和实施乡村振兴规划，还要注意统筹谋划农村经济建设、政治建设、文化建设、社会建设、生态文明建设和党的建设，提升乡村振兴的协同性、关联性，加强对乡村振兴的整体部署，完善乡村振兴的协同推进机制。按照网络经济视角，链接大于拥有，代替之前的“占有大于一切”。因此，在推进乡村振兴的过程中，要注意通过借势发展带动造势发展，创新“不求所有，但求所用”方式，吸引位居城市的领军企业、领军人才参与和引领乡村振兴，更好地发挥“四两拨千斤”的作用。这样也有利于促进乡村振兴过程中的区域合作、部门合作、组织合作和人才合作，用开放、包容的理念，推进乡村振兴过程中资源、要素和人才质量的提升。

（2）把编制规划作为撬动体制机制改革深入推进的杠杆

在实施乡村振兴战略的过程中，推进体制机制改革和政策创新具有关键性的影响。有人说，实施乡村振兴战略，关键是解决“人、地、钱”的问题。先不评论这种观点，但解决“人、地、钱”的问题关键又在哪里？还是体制机制改革问题。在编制乡村振兴战略规划的过程中，提出推进体制机制改革、强化乡村振兴制度性供给的思路或路径固然是重要的，但采取有效措施，围绕深化体制机制改革提出一些切实可行的方向性、目标性要求，把规划的编制和实施转化为撬动体制机制改革深入推进的杠杆，借此唤醒系列、连锁改革的激发机制，对提升规划质量、推进乡村振兴的高质烟发展更有重要意义，正如“授人以鱼不如授人以渔”一样。

如有些经济发达、被动城市化的原农村地区，原来依托区位交通优势，乡村工商业比较发达，城市化推进很快。但长期不重视统筹城乡规划，导致民居和乡村产业园区布局散、乱、杂，乡村产业园改造和城中村治理问题日趋突出。其主要表现是乡村产业园甚至农村民居错乱分布，环境污染和生态破坏问题加重，消防、安全等隐患日趋严重和突出，成为社会治理的难点和广受关注的焦点；农村能人强势与部分乡村基层党建弱化的矛盾时有发生；乡村产业园区分散布局、转型缓慢，并难以有效融入区域现代化经济体系建设的问题日益突出。在这些地区，新型城镇化与乡村振兴如何协调，“三农”发展的区域分化与乡村振兴如何有效实现分类施策？这些问题怎么处理？在现有格局下解决问题的难度已经很大。但由于这些地区经济发达，城乡居民收入和生活水平比较高，很容易形成“温水煮青蛙”的格局。村、村民小组和老百姓的小日子比较好过，难以形成改变现状的冲动和危机意识；加之改变现状的难度很大，很容易让人形成“得过且过”“过一天是一天”的思维方式。但长远的问题和隐患可能越积越多，等到有朝一日猛然惊醒了，再来想着解决问题，可能为时已晚或难度更大。比如有的城郊村，之前有大量外来资本租厂房发展工商业，也带动了大量外来务工人员租房居住。但随着市场需求变化和需求结构升级，许多传统工商业日益难以为继，亟待转型升级，甚至被迫破产倒闭或转移外迁，带动村民租金收入每况愈下。

在这些地区，不仅产业结构要转型升级，人口、经济甚至民居、产业园的布局方式也亟待转型升级。之前那种“普遍撒网”“村村点火”的布局方式，后遗症越来越大。无论是发展先进制造业，还是发展服务业，都要求在空间布局上更加集中集聚，形成集群集约发展态势。在这些地区，有些乡村目前可能感觉还不错，似乎规划部门给它的新上项目“松”个口子，前景就会很好。但从长远来看，实际情况可能不是这样。规划部分给它“松”个口子，乡村暂时的日子可能好过点，但只能说是“苟延残喘”一段时间，今后要解决问题的难度更大，因为“沉没成本”更多了。还有前述生态问题、乡村治理问题，包括我们党组织怎么发挥作用的问题，越早重视越主动，越晚越被动。许多问题如果久拖不决，未来的结果很可能是下列三种结果之一。

第一种结果是慢慢把问题拖下去。但是，越不想改变现状，越对改变现状有畏难情绪，时间长了解决问题的难度就越大，也就越难以解决。这种结果对地方经济社会发展的长期负面影响更大，更容易因为当前治理的犹豫不决，导致未来发展问题的积重难返，甚至盛极而衰。当然，这很可能要到若干年后，问题才会充分暴露出来。第二种结果是有朝一日，环保、治安、消防、党建等问题引起居民强烈不满或媒体关注，或上级考核发出警告，导致政府不得不把其当作当务之急。第三种结果是发生类似火灾、爆炸伤人等恶性安全事故，不得不进行外科大手术式治理。但这种结果的代价可能太惨烈。

显然，这三种结果都不是理想结果，都有很大的后遗症。第二种、第三种结果对地方党政领导人的负面影响很大。在这些地区，乡村产业园改造和城中村治理问题不解决好，这三大攻坚战都难以打好，甚至会加重重大风险、城中村贫困、污染严重化等问题。

但解决上述问题难度很大，仅靠一般性的加强政策甚至投入支持，无异于画饼充饥，亟待在各级政府高度重视解决问题紧迫性的基础上，通过加强相关综合改革的试点试验和推广工作，为解决这些复杂严峻的区域乡村振兴问题探索新路。应加强对这些地区的支持，鼓励其以加强城中村、乡村产业园治理或其他具有区域代表性的特色问题治理为重点，开展农村综合改革和农村改革试验区工作。也可鼓励这些地区直接创建“城乡融合发展体制机制改革试验区”，率先探索、推进城乡融合发展的体制机制和政策创新。

推进乡村振兴，每个地方都应走有区域特色的乡村振兴道路。中国特色的社会主义乡村振兴道路，应该是由各地富有区域特色的乡村振兴道路汇聚而成的。

（3）加强规划精神和典型经验的宣传推广

为强化乡村振兴的规划引领，加强规划编制和实施工作固然是重要的，但加强规划精神、规划思路的宣传推广更加不可或缺。这不仅有利于推进乡村振兴的利益相关者更好地理解乡村振兴规划的战略意图，增强其实施规划的信心和主动性、积极性，还有利于将乡村振兴的规划精神更好地转化为推进乡村振兴的自觉行动，有利于全党全社会凝精聚力，提升推进乡村振兴的水平和质量。加强对乡村振兴规划精神的宣传推广，还可以将工作适当前移，结合加强对党的十九大精神和党中央关于实施乡村振兴战略思想的学习，通过在规划编制过程中促进不同观点的碰撞、交流和讨论，更好地贯彻中央推进乡村振兴的战略意图和政策精神，提升乡村振兴规划的编制质量与水平。要结合规划编制和实施过程中的调研，加强对典型经验、典型模式、典型案例的分析总结，将加强顶层设计与鼓励基层发挥首创精神结合起来，发挥榜样的示范引领作用，带动乡村振兴规划编制和实施水平的提高。近年来，许多发达地区在推进社会主义新农村或美丽乡村建设方面走在全国前列，探索形成了一系列可供借鉴推广的乡村振兴经验。也有些欠发达地区结合自身实际，在部分领域发挥了推进乡村振兴探路先锋的作用。要注意不同类型典型经验、典型模式、典型案例的比较研究和融合提升，借此提升其示范推广价值。如近年来在安徽宿州率先发展起来的现代农业产业化联合体、在四川成都兴起的“小（规模）组（组团式）微（田园）生（态化）”新农村综合体、在浙江探索乡村的现代农业综合体，都各有成效和特色，值得我们借鉴推广。

有些地区在推进乡村振兴方面虽然提供了一些经验，但提供的教训可能更加深刻。加强对这些教训的分析研究甚至案例剖析，对于提升乡村振兴规划编制、实施的水平与质量，更有重要意义。宣传典型经验，如果只看好的，不看有问题的，可能会错失大早的提升机会。对此不可大意。当然，对待这些“称得上”教训的案例分析，也要有历史的耐心，要注意其发展阶段和中长期影响。有些模式在发展初期，难免遇到“成长中的烦恼”。但跨越这一阶段后，就可能“柳暗花明”或“前程似锦”。对于其成长中的挫折，也要冷静分析，多些从容、宽容和包容，不可“一棍子打死”，更不能“站着说话不腰痛”，横加指责，粗暴评论。

（二）乡村规划的历史演进及面临的形势

改革开放以来，我国乡村规划的历史演进大致经历了初步成型、探索实践、建设完善三个阶段。当前，我国乡村振兴战略规划正面临新的形势。

1. 乡村规划的历史演进

乡村规划是对乡村未来一定时期内发展做出的综合部署与统筹安排，是乡村开发、建设与管理的主要依据。我国真正意义上的乡村规划起步于改革开放后，经历了初步成型、探索实践、调整完善等发展阶段。

（1）初步成型阶段：从房屋建设扩大到村镇建设范畴

1981 年，国务院下发《关于制止农村建房侵占耕地的紧急通知》，同年提出“全面规划、正确引导、依靠群众、自力更生、因地制宜、逐步建设”的农村建房总方针，同年的第二次全国农村房屋建设工作会议将农村房屋建设扩大到村镇建设范畴。自此，村镇规划列入了国家经济社会发展计划。国家建委与农委联合颁布《村镇规划原则》，对村镇规划的任务、内容做出了原则性规定。这一阶段，村镇规划从无到有，我国乡村逐步走上有规划可循的发展轨道。

（2）探索实践阶段：城市规划模式下的村镇规划体系的探索

1989 年，《中华人民共和国城市规划法》颁布，该法以城市为范围，没有对村镇规划的规范和标准进行定义，造成了城乡规划割裂，村镇规划编制无法可依、规划编制不规范等问题。但村镇规划编制的探索并未停止，村镇建设司分三批在全国进行试点，探索村镇规划的编制。建设部颁布《村庄和集镇规划建设管理条例》；同年，我国第一个关于村镇规划的国家标准《村镇规划标准》发布，成为后来乡村规划编制的重要标准与指南，在试点实践与多方论证基础上，建设部颁布《村镇规划编制办法》，规定编制村镇规划一般分为村镇总体规划和村镇建设规划两个阶段，从现状分析图、总体规划、村镇建设规划等几方面规范了村镇规划的编制。建设部颁布的《镇规划标准》提出了镇规划的标准与指南，但对中心镇周边的乡村区域重视不够。之后，“村镇体系规划”逐渐替代“村庄集镇规划”，初步形成了镇、乡、村的乡村规划体系。这一阶段，村镇规划深入实践、渐成体系。虽然还深受城市规划模式的影响，但从乡村角度出发、适合乡村发展需求的规划理念已经开始成为共识。

（3）建设完善阶段：构建乡村建设（乡村振兴）视角下的县域村镇体系

2015年，中央办公厅、国务院下发的《深化农村改革综合性实施方案》提出，“完善城乡发展一体化的规划体制，要求构建适应我国城乡统筹发展的规划编制体系”。1993年，住建部发布《关于改革创新、全面有效推进乡村规划工作的指导意见》提出，“到2020年全国所有县（市）区都要编制或修编县域乡村建设规划”。2017年7月，住建部总经济师赵晖在“传统村落保护发展国际大会”上表示，《乡村规划建设管理条例》正在制定。这一阶段，村镇规划开始从城乡统筹角度探索规划的编制，县域乡村建设规划一般包括县域村镇体系规划、城乡统筹的基础服务设施和公共服务设施规划、村庄整治指引三大重点内容。

2. 乡村振兴战略规划面临的形势

（1）工业化和城镇化对传统乡村社会结构造成冲击

长期以来城乡间的体制性隔离使得以传统农业为基础的乡村社会结构得以保持，并相对稳定地延续发展。快速的工业化与城镇化打破了乡村系统的封闭性，稳态的农业社会开始逐步瓦解。首先表现在经济结构上，以传统农业为代表的乡村经济在国民经济中的比重大幅跌落。

经济结构的巨变必然引起社会结构的重组。随着农业衰落，传统乡村社会围绕农业组织的家庭就业结构逐步瓦解，农民以家庭为单位进行了劳动力资源的再分工。家庭中青壮人口大量流出投入二、三产业的生产经营活动中，家庭成员以代际分隔实现了经济活动空间的分离和经济活动类型的分化。正如梁漱溟所言，农业团结家庭，工商业分离家庭。农业的衰落和非农经济活动的不断丰富使得传统农村的社会组织网络开始失去赖以存在的基础。

（2）乡村规划建设的困惑

传统乡村社会的瓦解已成为必然，但在这新旧交替的过渡期，社会对于传统乡村社会的想象却从未停止。乡村发展的客观规律和趋势到底是什么？美好乡村究竟是什么样？乡村规划建设到底怎么做？社会各界对于这一系列关键问题的激烈争论甚至论战恰恰反映了这些问题的复杂性和挑战性，而规划学界的整体性失语则充分反映了乡村规划理论的缺失和实践的困惑。

中国当前的乡村规划实践很大程度上都处于探索与试错状态。早期的拆村并点已被实践证明是简单的想象，片面关注数量而忽略乡村社会复杂性的做法不仅引发激烈的社会矛盾，事实上也并未达到规划的预期。轰轰烈烈的乡村美化运动一定程度上是又一次规划价值观的试验性输入，成效依然是学界争论的话题。不可否认的是，在这一探索和试错过程中，乡村的认识在不断加深，优秀的乡村规划实践开始出现。然而，由于缺乏充分的理论总结和方法归纳，一些宝贵的规划经验尚未被合理地解析、提炼和系统化，就被简单地模仿。在基本忽略中国乡村的巨大差异与规划的在地性与在时性的情况下，不断制造出异化的复制品。当前乡村规划建设理论和方法的滞后已影响了乡村的转型发展，而既有的探索和试错已为正确地认识乡村的发展趋势、合理的总结乡村规划的方法论奠定了基础。

（3）乡村发展趋势与精明收缩的认知

①乡村收缩是快速城镇化过程中的必然趋势

快速城镇化进程是理解判断中国乡村发展趋势的核心，而乡村发展本身就是城镇化进程的重要组成部分。据中国社会科学院的预测，2050 年中国城镇化率可能超过 80%，也就是说在未来多年时间里，中国的城镇人口仍将大规模增长，乡村人口的持续减少将成为必然趋势。人口大量减少必然要求空间重整，乡村收缩不可避免。

作为城镇化发展的必然结果，乡村收缩的根本动力是乡村经济与社会的转型。随着城镇化和工业化的加速，经济发展方式的转变必然直接影响乡村经济的发展。一方面随着农业份额的不断下降，农业将逐步转向以提高生产率为主的现代化模式，提供的就业岗位将不断减少，对土地等要素资源的集聚要求不断提高，农业尤其是种植农业的就业密度将大幅降低。另一方面，随着“互联网＋”“生态＋”等新经济的出现，乡村空间将围绕新的资源禀赋密集区重新集聚；大都市区等新的城镇化空间的出现，也将导致跨区域的乡村空间集聚重组，而新的集聚过程就是新的收缩过程。在社会层面，随着老龄化、少子化社会的到来，养老、医疗、教育等公共服务的供给数量、质量与空间布局都将持续影响乡村人口的减少和乡村空间的收缩。

乡村人口的大量收缩，从集约资源、提高服务水平的角度，必然要求对乡村空间和相应的公共服务设施进行重组。当前农村常住人口的大量外流不仅留下了大量空置房屋、抛荒土地，导致空间低效利用，还导致以基层服务功能衰退为代表的整体经济社会功能的退化。中国乡村最大面广，都市区域以外的普通乡村在数量上仍占很大比例，在缺乏优势发展资源的情况下，这些乡村即使生态良好，也仍是城镇化进程中主要人口外流地。显然在资源有限的情况下，投入需要兼顾公平和效率，而对已空心地区持续的投入必然造成巨大的浪费。同时，在总体供给不足情况下，低水平均衡的设施供给也无法真正满足乡村居民日益提高的需求。因此，为了集约、高水平而进行的精明收缩对于这些地区有着非常现实的意义。

②精明收缩的特征是更新导向的加减法

乡村收缩是中国城镇化进程发展到一定阶段出现的必然现象，和增长一样只是一种状态。目前所呈现的与衰退、恶化相伴的收缩，其实是不正常的、不精明的收缩，问题不在于收缩本身，而在于收缩的方式和方法。如只拆不建、只堵不疏、治表不治里等消极的建设管理方式，只会导致乡村功能的衰退和人居环境的恶化。因此必须尽快形成精明收缩理念的共识。

乡村是城乡体系中具有重要价值与意义的组成，精明的收缩以发展乡村为根本目的。当前忽略乡村发展需求，在资金、指标、政策上对尚有发展可能的乡村做出种种限制，致使乡村发展陷入长久停滞的做法，都是简单减法思维的体现。精明收缩下的乡村发展必然是一个总体减量，但有增有减、以增促减的更新过程，从被动衰退转向主动收缩。减少的不仅是乡村空间，还包括乡村无序发展阶段形成的不合理增量，如大规模的违建住房、不适应现代发展环境的要素、传统的低效农业、污染的乡村工业等。相应增加的应当是更具适应性的现代发展要素，如以生态农业、农村电商为代表的、面向需求的新兴乡村产业和服务设施。精明收缩需要在总量减少的同时加大对积极要素的集中投入，有选择地引入新的辅助要素，同时保护、更新具有历史文化意义的要素。这既是资源要素有限情况下效率与公平的追求，也是乡村转型过程中系统更新的要求。

③精明收缩的目的是助推乡村现代化转型

更新导向的精明收缩最终目的是在中国现代化转型的关键阶段，助推传统乡村社会实现现代化转型，从而建构稳定、强健的新社会结构。首先，通过精明收缩实现农民福利的正增长。农民是乡村发展的主要参与者，其意愿和行为决策对于乡村发展具有关键性影响。在城乡交流越发频繁、信息转播日益便利的当下，农民的经济理性正迅速觉醒。农民不再“被捆绑在土地上”，尤其新一代农村人口具有自主、理性选择最大化利益的意愿和能力。大量的调研结果显示，当前个人打工的年均收入远高于务农收入，乡村劳动力的非农化现象非常显著，进城打工成为大量农村家庭的主要经济来源，乡村发展是人的发展，而非物的发展，只有通过为农民提供切实的福利增长，即提高经济收益、提高公共服务水平，或者两方面同步提高，才是精明收缩。

精明收缩的关键在于精明，在于缩小城乡差距、打破二元结构，在城乡聚落系统内通过收缩将城乡差距变为城乡均等，实现城乡要素自由流动，公共服务基本均等，同时差异化地保持或赋予乡村丰富的内涵与地位。面向未来城乡聚落体系中乡村可能扮演的角色，精明收缩需要在乡村数量收缩的同时大大拓宽乡村的功能与产业发展可能，通过集聚促进传统农业产业更新升级，促进适应性非农生产要素集聚，在新经济不断发育的进程中，使得乡村不仅延续农业服务空间的职能，同时在现代产业体系中承担一定分工。精明收缩助推乡村现代化转型，农村和农民不再是特定身份、待遇的符号，而是一种新的生活与生产方式的代名词。

推动乡村社会现代化转型必然要求构建可持续的现代乡村系统。精明收缩并非短期的外来输血或扶持干预，而是在有条理、有意识的规划引导下，促进乡村社会的空间重构与治理重构。前者主要体现为建立符合现代要求的生活、生产空间，有选择地建立高标准的基础设施和服务设施，满足乡村居民不断提高的消费要求；后者主要体现为建立在现代化生产分配关系网络基础上的新社会秩序和治理结构。即在市场、政府与公民三者之间，在自上而下和日下而上的治理模式之间找到最佳组合与平衡点，推进乡村治理体系和治理能力的现代化。通过重构具有高度适应性、结构完整的乡村社会，精明收缩将激活乡村内生造血功能，最终形成一个具有自我发展能力的现代乡村社会。

快速的工业化与城镇化打破了中国乡村系统的封闭性，内外动力的交织作用逐步瓦解了传统乡村社会，转型的时代已经到来。显然，中国的现代化进程不可能缺失乡村社会的现代化。如何平稳实现乡村社会的现代化是乡村规划需要解决的关键问题。深化对乡村发展趋势的理解、认知，已经成为城乡规划学科发展的重要领域。基于对中国快速城镇化趋势的研究，认为乡村收缩是快速城镇化过程中的必然趋势，一定程度或阶段上这一过程是不可逆的。因此，必须充分正视乡村收缩问题，以更为积极、主动的态度去应对乡村收缩趋势可能带来的种种困难与挑战。如果说乡村收缩是客观的，那么精明收缩就是主观的规划理念，它以更新为导向，倡导在整体收缩的背景下综合运用加减法，通过增量盘活存量，最终一方面实现农民个体福利的正增长，另一方面全面助推乡村整体的现代化。

（三）乡村振兴战略规划制定的分类

制定乡村振兴战略规划要正确处理好五大关系为基础，在此基础上，要把握好乡村振兴战略的类型与层级。

1. 乡村振兴战略规划的类型

（1）综合性规划

乡村规划是特殊类型的规划，需要生产与生活结合。乡村现有规划为多部门项目规划，少地区全域综合规划，运行规则差异较大，如财政部门管一事一议、环保部门管环境集中整治、农业部门管农田水利、交通部门管公路建设、建设部门管居民点撤并等。因此乡村规划应强调多学科协调、交叉，需要规划、建筑、景观、生态、产业、社会等各个多关学科的综合引入，实现多规合一。

（2）制度性规划

我国的城市人口历史性地超过农村人口，但非完全城镇化背景下，乡村规划与实施管理的复杂性凸显：一是产业收益的不确定性导致的村民收入的不稳定性；二是乡村建设资金来源的多元性；三是部门建设资金的项目管理转向综合管理。乡村规划与实施管理的表征是对农村地区土地开发和房屋建设的管制，实质是对土地开发权及其收益在政府、市场主体、村集体和村民的制度化分配与管理。与此相悖，我国的现代乡村规划是建立在制度影响为零的假设之上，制度的忽略使得规划远离了现实。因此乡村规划与实施管理重心、管理方法和管理工具需要不断调整，乡村规划制度的重要性凸显。

（3）服务型规划

乡村规划是对乡村空间格局和景观环境方面的整体构思和安排，既包括乡村居民点生活的整体设计，体现乡土化特征，也涵盖乡村农牧业生产性基础设施和公共服务设施的有效配置。同时乡村规划不是一般的商品和产品，实施的主体是广大的村民、村集体乃至政府、企业等多方利益群体，在现阶段基层技术管理人才不足的状况下，需要规划编制单位在较长时间内提供技术型咨询服务。

（4）契约式规划

乡村规划的制定是政府、企业、村民和村集体对乡村未来发展和建设达成的共识，形成有关资源配置和利益分配的方案，缔结起政府、市场和社会共同遵守和执行的“公共契约”。《城乡规划法》规定乡村规划需经村民会议讨论同意、由县级人民政府批准和不得随意修改等原则要求，显示乡村规划具有私权民间属性，属于没有立法权的行政机关制定的行政规范性文件，具有不同于纯粹的抽象行政行为的公权行政属性和“公共契约”的本质特征。

2. 乡村振兴战略规划的层级

（1）国家级乡村振兴战略规划

实施乡村振兴战略是党和国家的大战略，必须要规划先行，强化乡村振兴战略的规划引领。所以，2018 年中央一号文件提出来要制定《国家乡村振兴战略规划（2018 ~ 2022 年）》。2018 年中央一号文件主要是为实施乡村振兴战略定方向、定思路、定任务、定政策，明确长远方向。《国家乡村振兴战略规划（2018 ~ 2022 年）》则以中央一号文件为依据，明确到 2020 年全面建成小康社会时和 2022 年召开党的二十大时的目标任务，细化、实化乡村振兴的工作重点和政策举措。具体部署国家重大工程、重大计划、重大行动，确保中央一号文件得到贯彻落实，政策得以执行落地。简单说，中央一号文件是指导规划的，规划是落实中央一号文件的。事实上在制定中央一号文件的同时，国家发展改革委已经联合有关部门同步起草《规划》，目前，《国家乡村振兴战略规划（2018 ~ 2022 年）》已正式出台。应该说，国际级乡村振兴规划是指导全国各省制定乡村振兴战略规划的行动指南。

（2）省级乡村振兴战略规划

省级乡村振兴战略规划是以《中共中央、国务院关于实施乡村振兴战略的意见》和《国家乡村振兴战略规划（2018 ~ 2022 年）》为指导，同时结合各自省情来制定，一般与国家级乡村振兴战略规划同步。各省乡村振兴战略规划也要按照产业兴旺、生态宜居、乡风文明、治理有效、生活富裕的总要求，对各省实施乡村振兴战略做出总体设计和阶段谋划，明确目标任务，细化实化工作重点、政策措施、推进机制，部署重大工程、重大计划、重大行动，确保全省乡村振兴战略扎实推进。省级乡村振兴战略规划是全省各地各部门编制地方规划和专项规划的重要依据，是有序推进乡村振兴的指导性文件。

（3）县域乡村振兴战略规划

乡村振兴，关键在县。县委书记是乡村振兴的前线总指挥，是落地实施的第一责任人。乡村振兴不是一个形象工程，也不是一个贸然行动，它需要在顶层设计引领下，在县域层面分步踏实地推进。县域乡村振兴是国家乡村振兴战略推进与实施的核心与关键，应该以国家和省级战略为引导，以市场需求为依托，突破传统村镇结构，在城镇规划体系基础上，构建既区别于城市，又与城市相互衔接、相互融合的“乡村规划新体系”，进行科学系统的规划编制，保证乡村振兴战略的有效实施。

①县域乡村振兴规划体系

县域乡村振兴规划是涉及五个层次的一体化规划，即《县域乡村振兴战略规划》《县域乡村振兴总体规划》《乡/镇/聚集区（综合体）规划》《村庄规划》《乡村振兴重点项目规划》。一是县域乡村振兴战略规划。县域乡村振兴战略规划是发展规划，需要在进行现状调研与综合分析的基础上，就乡村振兴总体定位、生态保护与建设、产业发展、空间布局、居住社区布局、基础设施建设、公共服务设施建设、体制改革与治理、文化保护与传承、人才培训与创业孵化十大内容，从方向与目标上进行总体决策，不涉及细节指标。县域乡村振兴战略规划应在新的城乡关系下，在把握国家城乡发展大势的基础上，从人口、产业的辩证关系着手，甄别乡村发展的关键问题，分析乡村发展的动力机制，构建乡村的产业体系，引导村庄合理进行空间布局，重构乡村发展体系，构筑乡村城乡融合的战略布局。二是县域乡村振兴总体规划。县域乡村振兴总体规划是与城镇体系规划衔接的，在战略规划指导下，落地到土地利用、基础设施、公共服务设施、空间布局与重大项目，而进行的一定期限的综合部署和具体安排。在总体规划的分项规划之外，可以根据需要，编制覆盖全区域的农业产业规划、旅游产业规划、生态宜居规划等专项规划。此外，规划还应结合实际，选择具有综合带动作用的重大项目，从点到面布局乡村振兴。三是乡/镇/聚集区（综合体）规划。聚集区（综合体）为跨村庄的区域发展结构，包括田园综合体、现代农业产业园区、一二三产业融合先导区、产居融合发展区等。其规划体例与乡镇规划一致。四是村庄规划。村庄规划是以上层次规划为指导，对村庄发展提出总体思路，并具体到建设项目，是一种建设性规划。五是乡村振兴重点项目规划。重点项目是对乡村振兴中具有引导与带动作用的产业项目、产业融合项目、产居融合项目、现代居住项目的统一称呼，包括现代农业园、现代农业庄园、农业科技园、休闲农场、乡村旅游景区等。规划类型包括总体规划与详细规划。

②县域乡村振兴的规划内容

一是综合分析。乡村振兴规划应针对“城乡发展关系”以及“乡村发展现状”，进行全面、细致、翔实的现场调研、访谈、资料搜集和整理、分析、总结，这是《规划》落地的基础。二是战略定位及发展目标。乡村振兴战略定位应在国家乡村振兴战略与区域城乡融合发展的大格局下，运用系统性思维与顶层设计理念，通过乡村可适性原则，确定具体的主导战略、发展路径、发展模式、发展愿景等。而乡村振兴发展目标的制定，应在中央一号文件明确的乡村三阶段目标任务与时间节点基础上，依托现状条件，提出适于本地区发展的可行性目标。三是九大专项规划。产业规划：立足产业发展现状，充分考虑国际国内及区域经济发展态势，以现代农业三大体系构建为基础，以一二三产融合为目标，对当地三次产业的发展定位及发展战略、产业体系、空间布局、产业服务设施、实施方案等进行战略部署。生态保护建设规划：统筹山水林田湖草生态系统，加强环境污染防治、资源有效利用、乡村人居环境综合整治、农业生态产品和服务供给，创新市场化多元化生态补偿机制，推进生态文明建设，提升生态环境保护能力。空间布局及重点项目规划：以城乡融合、三生融合为原则，县域范围内构建新型“城—镇—乡—聚集区—村”发展及聚集结构，同时要形成一批重点项目，形成空间上的落点布局。居住社区规划：以生态宜居为目标，结合产居融合发展路径，对乡镇、聚集区、村庄等居住结构进行整治与规划。基础设施规划：以提升生产效率、方便人们生活为目标，对生产基础设施及生活基础设施的建设标准、配置方式、未来发展作出规划。公共服务设施规划：以宜居生活为目标，积极推进城乡基本公共服务均等化，统筹安排行政管理、教育机构、文体科技、医疗保健、商业金融、社会福利、集贸市场等公共服务设施的布局和用地。体制改革与乡村治理规划：以乡村新的人口结构为基础，遵循“市场化”与“人性化”原则，综合运用自治、德治、法治等治理方式，建立乡村社会保障体系、社区化服务结构等新型治理体制，满足不同乡村人口的需求。人才培训与孵化规划：统筹乡村人才的供需结构，借助政策、资金、资源等的有效配置，引入外来人才、提升本地人才技能水平、培养职业农民、进行创业创新孵化，形成支撑乡村发展的良性人才结构。文化传承与创新规划，遵循“保护中开发，在开发中保护”的原则，对乡村历史文化、传统文化、原生文化等进行以传承为目的的开发，在与文化创意、科技、新兴文化融合的基础上，实现对区域竞争力以及经济发展的促进作用。四是三年行动计划。首先，制度框架和政策体系基本形成，确定行动目标。其次，分解行动任务，包括深入推进农村土地综合整治，加快推进农业经营和产业体系建设，农村一二三产业融合提升，产业融合项目落地计划，农村人居环境整治等。同时制定政策支持、金融支持、土地支持等保障措施，最后安排近期工作。

第二章　农村经济决策

第一节　农村经济决策的概念、内容层次及作用

一、决策的有关知识

（一）决策的概念

决策就是做出决定或选择，是为了实现特定的目标，根据客观的可能性，在占有一定信息和经验的基础上，借助一定的工具、技术和方法，对影响目标实现的诸因素进行分析、计算和判断，并在若干种可供选择的方案中选择出满意方案的过程。

决策是一个过程，包括发现问题、确定目标、确定评价标准、方案制定、方案选优和方案实施等。决策过程强调：目标必须清楚；必须有两个或两个以上的备选方案；决策是以可行方案为对象，是一个择优的过程，贯穿整个管理活动的始终。事实上，科学决策是现代管理的核心，是现代管理者的主要职责。

（二）决策的组成要素

从系统的观点看，决策是由决策主体、决策客体、决策理论方法和决策结果等要素构成的有机整体。

1. 决策主体

它是指参与决策的领导者、参谋者及决策的执行者。决策主体可以是个人，也可以是集团——决策机构。决策主体是决策系统的核心，决策能否成功，取决于决策主体的素质。

2. 决策客体

它是指决策对象和决策环境。决策对象是指决策主体能影响和控制的客体事物，如某项业务的经营目标、经营规划，某个产品的研究开发等；决策环境则指促进或者制约决策对象按照一定规律发展变化的条件。决策对象与决策环境的特点、性质决定着决策活动的内容及其复杂程度。

3. 决策理论与方法

决策理论与方法的功能在于将现代科学技术成果运用于决策过程，从整体上提高决策活动的科学性，减少和避免决策结果的偏差与失误。如遵循科学的决策程序，采用适宜的决策方法，把定性分析和定量分析有机结合起来等。

4. 决策信息

信息是决策的前提和基础。要保证决策的正确，拥有大量、丰富的有关信息是必不可少的条件。决策主体只有掌握了充分准确的有关信息，才有可能做出正确的决策。

5. 决策结果

决策的目的是为了得到正确的决策结果。没有决策结果的决策不算是决策。任何决策都要得到决策结果，所以决策结果是决策必不可少的构成要素。

（三）决策的特点

1. 决策的客体越来越复杂

随着科学技术的不断发展，生产经营规模的不断扩大，以及市场竞争中的不确定因素越来越多，从而导致了决策客体的复杂化。

2. 决策环境变化越来越快

今天的社会环境，从一个科学发现、发明转化为社会生产力的周期愈来愈短。而且随着新技术的不断被应用，旧技术不断被替代，导致了社会环境的加速变化，进而给决策带来了更大的困难。

3. 决策所涉及的信息量越来越大

现代决策要求在及时、准确和充分的信息基础之上进行，而与决策对象相关联的市场、产品，以及内部和外部信息越来越多。信息量的不断加大，不仅使处理信息的工作量加大，还使判断这些信息价值的困难程度加大。

4. 决策时间要求越来越短

决策环境的快速变化，必然对决策的时间和速度提出新的要求。市场的激烈竞争要求决策者尽早地先他人而动，尽快抢占市场“制高点”。

5. 决策的影响面越来越广泛

决策总是与有关无关的各方面有着千丝万缕的联系，牵一发而动全身。决策成败的意义不仅只在决策本身，还必须考虑可能引起的有关环节，甚至与社会相关联的环节。实际上，这是因为决策的影响面越来越大所致。

6. 决策主体已由个人转向群体

进入后工业时代，决策的关联性使决策变得异常复杂，决策已不可能像过去那样仅凭个别决策者的经验和胆略就能完成，它逐步向群体决策转变。同时，由于决策的技术化和知识化不断加强，不少专家、学者，甚至是单位外部的专业人员也加入其中。为防止决策失误，决策技术被广泛应用，主观判断的成分越来越少，决策已经成为一种主要依靠众多具有不同知识、分别扮演不同角色而共同进行决策的群体决策。

（四）决策的类型

从不同的角度，决策可以分成不同类型。

1. 按照决策问题的性质分

（1）战略决策

它是影响全局活动和长远发展的重大决策，多为复杂的、不确定性的决策，涉及组织与外部环境的关系，常依赖于决策者的直觉、经验和判断能力。

（2）战术决策

它是在实现战略目标过程中对所要采取的具体方法、手段的决策。

战略决策和战术决策是相互依存和相互补充的。战术决策是实现战略决策的必需步骤和环节。没有战术决策，再好的战略决策也只是空想。反之，战略决策是战术决策的前提。没有战略决策，战术决策的存在也就没有必要。

2. 按照决策问题的特点和活动形态分

（1）程序化决策（常规决策）

它是对管理活动中经常反复出现的问，题的决策。处理这些问题的特点，就是要预先建立相应的制度、规则、程序，当问题发生时，只需根据已有的规定加以处理即可。程序化决策可以为决策者节省宝贵的时间和精力，使其可以投入到其他更重要的活动中去。

（2）非程序化决策（非常规决策）

它是对管理活动中偶然出现的一次性问题的决策。如重大的投资问题、组织变革问题、开发新产品或打入新市场的问题等。非程序化决策时往往缺乏足够的信息资料，无先例可循，无固定模式，常常需要决策者倾注全部精力，进行创造性思维。一般来说，组织最高层所作的决策大多是非程序化的。

随着现代决策技术的发展，很多以前被认为是非程序化决策的问题已经具有了程序化决策的可能，程序化决策的领域日益扩大。一方面是运筹学等数学工具被广泛地运用到以前被认为只能依靠判断力的决策中来；另一方面是计算机的广泛应用，进一步扩展了程序化决策的范围。

3. 按照决策目标的多少分

（1）单目标决策

决策目标只有一个的决策。

（2）多目标决策

决策目标有两个或两个以上的决策。

4. 按照对决策问题的条件的知晓程度分

（1）确定型决策

它是对事件未来发展的条件（自然状态）和影响结果已知的决策。

（2）非确定型决策

它是对事件未来发展的条件（自然状态）和影响结果不能肯定、不可控制，一个方案可能出现几种不同的结果，而且各种结果出现的可能性无法估计的决策。

（3）风险型决策

它是对事件未来发展的条件（自然状态）和影响结果不能肯定、不可控制，一个方案可能出现几种不同的结果，但各种结果出现的可能性可以估计出来的决策。

5. 按照决策的过程及其方法分

（1）经验决策

它是指决策者对决策对象的认识与分析，以及对决策方案的选择完全凭借自己在长期工作中所积累的经验和解决问题的惯性思维所进行的决策。

（2）科学决策

它是指决策者为了实现某种特定的目标，运用科学的理论、方法和程序，系统地分析主客观条件所作出的决策。科学决策具有程序性、创造性、择优性、指导性。

所谓程序性是指科学决策是在正确的理论指导下，按照一定的程序，充分依靠群体性决策主体和广大群众的集体智慧，正确运用决策技术和方法来选择行为方案。

所谓创造性是指决策是针对需要解决的问题和需要完成的任务而运用逻辑思维、形象思维、直觉思维等多种思维方式进行创造性的劳动。

所谓择优性是指在多个方案的对比中寻求能获取最佳效益或效果的行

动方案。择优是科学决策的核心。

所谓指导性是指在管理活动中，决策一经做出，就必须付诸实施，对整个管理活动、系统内的每一个人都具有约束作用，指导每一个人的行为方向。

二、农村经济决策的概念与内容层次

（一）农村经济决策的含义

农村经济决策是指在农村经济活动中，对所遇到的问题进行科学分析、判断，从多种可行方案中选择出满意方案，以实现其预定目标的一系列活动。

（二）农村经济决策的内容层次

农村经济决策的内容非常广泛，可以概括为农村村级及农村经济组织与农户个体两个层面的内容。

1. 农村村级经济决策

农村村级经济决策是指对涉及农村经济全局活动和长远发展等重大问题的决策，目前主要由村党组织和村民自治组织负责。主要内容有如下几点。

（1）农村经济发展战略目标、战略重点和战略措施；

（2）农村生产力布局和经济结构，农村各产业部门发展的规模、速度及比例关系；

（3）农村自然资源和经济资源的开发利用；

（4）农村基本建设规划；

（5）农村经济管理体制的改革方案；

（6）农村经济发展与科学技术、生态环境、社会发展的协调统一。

2. 农村经济组织及农户个体经济决策

它是指农村经济组织及农户个体在生产经营活动中对供、产、销，人、财、物的决策，具体包括如下几点。

（1）投资决策

如投资方向的确定，投资项目、基本建设、技术改造、设备购置与更新等方案的选择和确定。

（2）生产决策

如生产经营项目、经营方针、产品结构、生产规模、资源配置与利用等方案、技术措施的选择和确定。

（3）供应决策

如原材料供应渠道的选择，供应方式、采购时间、采购数量等的确定。

（4）销售决策

如产品销售渠道、销售方式、销售范围、销售价格、储运方式、产品包装、商标和广告等的选择和确定。

（5）财务决策

如资金筹集的渠道、资金的构成、贷款的时间与数量、资金调度和使用策略、产品成本、利润分配等的确定。

（6）组织与人事决策

如管理层次和职能机构的设置、责权的划分，管理人员的选拔、考核、任免、奖惩制度，职工的思想教育与技术培训等问题的决策。

三、农村经济决策的地位与作用

（一）农村经济决策是农村经济管理的核心工作

农村经济决策规定了农村在未来一定时期内的活动方向和方式，它提供了农村中各种资源配置的依据。农村经济管理各项职能的发挥运用都是建立在科学决策的基础上，都是以决策为前提，围绕着决策目标的实现和决策方案的施行而开展的。因此，决策贯穿于农村经济管理工作的各个方面，是管理工作的核心。

（二）农村经济决策是农村经济健康发展的重要基础

农村经济发展的各个环节都离不开决策，决策是否科学，不仅关系到整个农村经济的发展方向、发展战略、发展目标等根本性问题，而且还关系到农村经济各个生产经营主体的生存和发展。因此，保证农村经济决策的合理性和正确性是促使农村经济健康发展的重要条件。

（三）农村经济决策的水平是农村经济管理水平的重要体现

面对瞬息万变的农村经济客观环境，能否及时、正确地做出决策，是农村经济管理能力和素质的重要体现。因此，提高农村经济管理水平的关键是要运用科学的决策程序和方法，提高决策水平。

（四）科学民主的农村经济决策是农村推进民主管理的重要内容

科学民主的农村经济决策就是要把握客观事物的发展规律，在深入调查研究，掌握大量情报信息的基础上，进行科学的分析判断。同时，要集思广益，倾听各方面的意见，力求在求大同存小异的基础上形成统一认识。实际上，这个过程就是充分发扬民主并推进民主管理的过程。

第二节　掌握农村经济决策的原则、程序与方法

一、农村经济决策的原则与要求

（一）农村经济决策的原则

农村经济决策的原则是指决策必须遵循的指导原理和行为准则，它是科学决策指导思想的反映，也是决策实践经验的概括。科学决策必须遵循以下原则。

1. 客观原则

客观原则是科学决策的首要原则。它要求决策者坚持实事求是的思想路线，从客观实际出发，准确把握决策对象的发展趋势、发展规律，做出

符合客观实际的判断和选择。

2. 信息原则

信息是决策的基础，决策的科学性是和信息的准确性、及时性、适用性成正比的。只有掌握了及时、准确和适用的信息，才可能做出正确的决策。

3. 预测原则

科学预测是科学决策的前提。科学的预测就是运用科学的技术和方法，通过对信息资料的分析处理，对事物未来的发展趋势做出预先推测和估计的过程。科学的预测为决策者的正确决策提供客观依据。

4. 程序原则

严格遵循科学的决策程序，是科学决策区别于传统的经验决策的重要原则。传统的经验决策缺乏严格的决策程序，往往导致决策的失误。科学的决策要求按照科学的决策程序一步一步地进行，从而减少了决策的失误。

5. 可行原则

可行原则要求对决策方案进行充分的可行性研究。只有经过可行性研究后，才能进行方案的最终选择。可行性研究是运用科学的手段和方法对决策方案在经济、技术、社会等方面的合理性所进行的综合分析和论证。

6. 选优原则

选优原则强调多方案的对比选择。多方案选优是现代决策的一个重要特点。

7. “外脑”原则

“外脑”原则强调在决策过程中，要充分发挥由各方面专家组成的智囊系统的咨询和辅助决策作用。

（二）农村经济决策的基本要求

1. 要有明确的目的

决策或是为了解决某个问题，或是为了实现一定的目标，没有问题就无须决策，没有目标就无从决策。因此，决策所要解决的问题必须是十分明确的，要达到的目标必须有一定的标准可资衡量比较。

2. 要有若干可行的备选方案

如果只有一个方案，就无法比较其优劣，更没有选择的余地。因此，多方案择优是科学决策的重要原则。决策时不仅要有若干个方案可供比较，而且决策所选择的各方案必须是可行的。

3. 要对各方案进行比较分析

每个可行方案都有其可取之处，也存在一定的弊端。因此，必须对每个方案进行综合分析与评价，以明确各方案对目标的贡献程度和所带来的潜在问题，进而综合比较各方案的优劣。

4. 要选择满意方案

决策理论认为，最优方案往往要求满足各种苛刻的条件，只要其中有一个条件稍有差异，最优目标便难以实现。所以，决策的结果应该是从诸多方案中选择一个相对合理的方案，觉得相对满意就可以了。

5. 要不断分析判断

决策虽然有一定的程序和规则，但它也受决策者价值观念和经验的影响。在分析判断时，参与决策的人员的价值准则、经验和知识会影响决策目标的确定、备选方案的提出、方案优劣的判断及满意方案的抉择。决策者要做出科学的决策，就必须不断提高自身素质，以在不断的分析判断中，提高自己的认识水平和决策能力。

二、农村经济决策的程序

（一）发现问题

包括两个方面，一是要弄清问题的性质、范围、程度及其价值和影响，以及各个问题之间的相关性、层次性、历史性，并认识其状态、趋势和特点；二是要找出问题产生的原因，进而分析其主观原因与客观原因、主要因素与次要因素、直接原因与间接原因等。

面对纷繁复杂的问题，要善于抓住有价值的问题，把握其关键和实质。如果真正的问题没有抓住，或者抓得不准，决策的效果就大打折扣。

（二）确立目标

要注意以下几个问题。

1. 要有层次结构，建立目标体系

目标是由总目标、子目标、二级子目标等，从总到分、从上到下组成的一个有层次的目标系统，是一个动态的复杂系统。

2. 目标要具体明确

决策目标应该是可以计量其成果、规定其时间、确定其责任的。

3. 明确实现目标的限制条件

限制条件主要有资源条件、质量规格、时间要求及法律、制度、政策等。

4. 建立衡量决策的价值标准

要建立科学价值、经济价值及社会价值指标，并进行综合权衡，以构成衡量决策的价值系统，以此对决策进行科学评价。

5. 目标的确定

要经过专家与决策者的集体论证。

（三）搜集情报信息

要达到以下要求。

1. 情报信息必须具有完整性

凡与目标要求有关的直接或间接情报信息，都要尽可能搜集齐全。

2. 情报信息必须具有准确性

搜集的情报信息要有依据，要具有时间、地点及对象的连续性要求等，数字要准确无误。

3. 对情报信息要进行系统分析

要着重从事实的全部总和与事实的各种联系中掌握事实，从事物的发展变化中准确把握事物的本质，以保证所掌握情报信息的科学性。

4. 能用反映现状的情报信息预测未来

科学决策中，对事物的过去和现状进行定量定性分析是重要的，但还是不够的，由于决策是为未来的行为而作的，因此，分析历史和现状的目的是为了预测未来。

（四）拟定可供选择的可行方案

要求做到如下：

1. 必须制定多个可供选择的方案，方案之间要具有原则性区别，便于权衡比较；

2. 每个方案能以确切的定量数据反映其成果；

3. 要说明各方案的特点、弱点及实际条件；

4. 各方案的表达方式必须做到条理化和直观化。

5. 对各备选方案进行评估可聘请有关专家进行。在评估的基础上，要权衡各个方案的利弊得失，并将各方案按优劣顺序进行排列，提出取舍意见，交由决策者定夺。

（五）进行方案选优

需要满足两个条件：一是要有合理的选择标准；二是要有科学的选择方法。

选择方案的标准：一是价值标准，即选择方案的基本判据。其内容有：确定各项价值指标，分清主次，进行综合评价。一般从系统性、先进性、效益性、现实性四个方面进行综合评价。其中效益性是核心。二是满意标准。实际中，绝对的最优标准是不存在的，最优也是相对而言的。决策理论学派的代表西蒙，提出了一个现实的标准，即满意标准，或者“有限合理性标准”。方案只要足够满意即可，不必追究最优。多数决策都是按“满意标准”进行的。当然，这样做并不排除在可能条件下达到最优的可能性。

选择方案的方法很多，归纳起来，有经验判断法，以及归纳法、试验法等。

经验判断法是最古老的一种方法。今天把数学方法、物理模型、网络模型等方法引进决策以后，经验判断法仍然是一种不可缺少和忽视的方法。尤其是一些涉及社会、心理因素等复杂问题的决策，还是需要决策者的经验判断。

归纳法是在方案众多的情况下，先把方案归成几大类，先看哪类最好，然后再从其中选出最好的方案。这个方法的优点是可以较快缩小选择范围。缺点是可能漏掉最优方案。因为最优方案也可能处在不是最好的那个类中。不过，在不允许进行全面对比的情况下，这个办法仍常被采用，因为按此法选出的方案一般还是比较不错的。

试验法是对重大问题，尤其是对新情况、新问题及无形因素起重大作用，而不便用定性和定量方法分析时，先选择少数几个典型单位进行试点，然后总结经验，以做出决策的方法。

（六）组织实施

在组织实施中，要抓好以下工作：

1. 把决策的目标、价值标准及整个方案向下属交底，动员干部、群众和科技人员为实现目标而共同努力。

2. 围绕目标优化实施方案，并制定具体的实施措施，明确各部门的职责分工和具体任务，做出时间和进度安排。

3. 建立各级各部门及执行人员的责任制度，确立规范，严明纪律，赏罚分明。切忌吃“大锅饭”及粗放管理。要把统一指挥同调动群众的积极性结合起来，加强思想政治工作。

4. 随时纠正偏差，减少偏离目标的震荡。

（七）反馈和追踪检查

反馈和追踪检查工作的任务，就是要准确、及时地把方案实施过程中出现的问题、执行情况等信息输送到决策机构，以进行追踪检查。在组织实施中一般遇到的问题，大致可归纳为三种：一是执行人员没有按规定完成任务；二是执行中遇到实际困难，发现方案中有不妥当之处的问题；三是已经按方案执行了，但未达到预定目标。

对发生的问题要进行具体分析，第一种是需要进行教育和落实的问题；第二种是需要修正方案，使其更加切合实际的问题；第三种是属于已危及决策目标的实现，需要对决策进行根本性的修正，甚至要改变决策目标，即需要进行追踪决策的问题。如果证明原决策是完全错误的，那就不属于追踪决策的问题，而是要推倒重来重新进行决策的问题了。

第三节　掌握农村经济决策的定量分析法

一、确定型决策的定量分析方法

确定型决策最常用的定量分析方法是盈亏平衡分析法。

（一）盈亏平衡分析法的概念

盈亏平衡分析法又叫量本利分析法，是通过分析产量、成本和利润的关系，以盈亏平衡点为依据来评价备选方案的决策方法。

盈亏平衡分析法可以用于利润的预测、目标成本的控制、生产方案的选优等。

（二）盈亏平衡点

盈亏平衡点是成本总额曲线与销售收入曲线的相交点，因此也称保本点。盈亏平衡点的表达形式有多种，可以用产品产量、单位产品售价、单位产品可变成本以及年固定成本总量等来表示，也可以用生产能力利用率（盈亏平衡点率）等相对量表示。

固定成本是指费用开支额相对稳定，不随销售量的变化而变化的成本项目。包括厂房、营业建筑、设备折旧费、企业管理人员的工资等。在一般情况下，固定成本总额基本不变，但摊入单位产品的固定成本却随着销售量的变动而变动，销售量增加，单位产品固定成本就会减少。

变动成本是指随着产量的变动，费用额也将发生相应变动的成本项目，包括直接材料费、工人工资、产品包装费等。

二、非确定型决策的定量分析方法

非确定型决策定量分析的主要方法有：等可能性法、保守法、冒险法、乐观系数法和后悔值法等。

（一）等可能性法

采用这种方法，是假定自然状态中任何一种发生的可能性是相同的，通过比较每个方案的损益平均值来进行方案的选择。在利润最大化目标下，选择平均利润最大的方案；在成本最小化目标下，选择平均成本最小的方案。

（二）保守法

也称悲观决策法、小中取大法。采用这种方法，是决策者不知道各种自然状态中任一种发生的概率，决策目标是避免最坏的结果，力求风险最小。决策者在进行方案取舍时，以每个方案在各种状态下的最小损益值为标准（即假定每个方案最不利的状态发生），再从各方案的最小值中取最大者对应的方案。保守法的决策过程如下。

在各方案的损益值中找出最小者；

在所有方案的最小损益值中找出最大者。

（三）冒险法

也称乐观决策法、大中取大法。采用这种方法，是决策者不知道各种自然状态中任一种可能发生的概率，决策的目标是选最好的自然状态下获得最大可能的利润。冒险法的决策过程如下。

在各方案的损益值中找出最大者；

在所有方案的最大损益值中找出最大者。

（四）乐观系数法

也称折中决策法。采用这种方法，是决策者确定一个乐观系数，运用乐观系数计算出各方案的乐观期望值，并选择乐观期望值最大的方案。乐观系数法的决策步骤如下。

找出各方案在所有状态下的最小损益值和最大损益值；

决策者根据自己的风险偏好程度给定乐观系数，其为决策者乐观或悲观程度的度量；

用给定的乐观系数和对应的各方案最大最小损益值计算各方案的乐观期望值。

（五）后悔值法

采用这种方法，是决策者不知道各种自然状态中任一种发生的概率，决策目标是确保避免较大的机会损失。该方法是用后悔值标准选择方案。所谓后悔值是指在某种状态下因选择某方案而未选取该状态下的最佳方案而少得的收益。

三、风险型决策的定量分析方法

风险型决策问题的定量分析，通常采取以下两种描述和解决方法：

（一）决策树法

决策树是一类常用于决策的定量分析工具。由于在决策分析中运用树形图的形式来表示决策过程中的各种方案、各方案可能发生的状态，以及它们之间的关系，所以把这种方法称为决策树法。

1. 决策树的结构

（1）决策点

它是以方框表示的结点，表示最终的决策结果。

（2）方案枝

它是由决策点起自左而右画出的若干条直线，每条直线表示一个备选方案。

（3）状态节点

在每个方案枝的末端画上一个圆圈“O”并注上代号。

（4）概率

从状态结点引出若干条直线“——”叫概率枝，每条直线代表一种自然状态及其可能出现的概率（每条分枝上面注明自然状态及其概率）。

（5）结果点

它是画在概率枝的末端的一个“△”，在其后标上对应的损益值。

2. 决策树法的分析步骤

分析决策问题，确定有哪些方案可供选择，各方案又面临哪几种自然状态，从左向右画出树形图；

将方案序号、自然状态及概率、损益值分别写入状态节点及概率分枝和结果点上；

计算损益期望值，即把从每个状态点引出的各概率分枝的损益期望值之和标在状态点上，选择各状态点的最大损益期望值，标在决策点上；

剪枝决策。凡是状态点上的损益期望值小于决策点上损益期望值的方案枝一律剪掉，最后剩下的方案枝就是要选择的决策方案。

（二）决策矩阵法

决策矩阵是风险型决策常用的分析手段之一，又被称为“决策表”、“益损矩阵”、“益损表”、“风险矩阵”等。决策矩阵法就是通过计算各个方案在不同状态下的收益值，然后按照客观概率的大小，加权平均计算出各个方案的收益值，进行比较，从中选择满意方案的方法。

第三章　农村经济组织管理

第一节　农村经济组织概述

农村经济组织是指从事和监督农村各种经济活动的组织总称。目前我国农村经济组织形式主要有：家庭经济组织、农民合作经济组织、农业企业。

一、我国农村经济组织类型

对于我国农村来讲，目前农村经济组织形式的发展不是用某一种经济组织形式去替代另一种经济组织形式的问题，而是多种经济组织形式如何共生、共利，有效运行的问题。我国农村社会、经济、文化诸多方面发展的特殊性，决定了我国不同经济组织形式共生、共利。目前我国农村经济组织形式主要有：家庭经济组织、农民合作经济组织、农业企业。

（一）**家庭经济组织是我国农村经济组织发展的基本形式**

家庭经济是以家庭作为一个经济实体进行生产、流通、分配、消费的经济组织形式。它既是一种体现社会再生产过程生产关系的形式，也是一种在家庭范围内合理组织生产力各要素的表现形式。在我国，农民家庭具有极强的维系作用。以家庭血缘关系和婚姻为主组成的家庭，由于共同的家庭经济利益，使其有较大的内在凝聚力，能够在一定限度内，自我维持、自我调节、自我发展。在现代化过程中，传统的家庭经济形式，与适量资本和技术结合，便能形成符合中国资源禀赋的、低成本的、有顽强生命力的新生产力和各种新生产方式。农村家庭经营在规模、生产手段上会随着社会、经济的发展而变化。农村家庭经济可与城市企业、乡镇企业共同现代化，互相补充，协调发展。

适应市场经济发展要求的家庭经济，将与传统小生产的家庭经济不同。新型的家庭经济形式主要有如下几点。

1. 生态家庭经济

生态农业是一种系统整体性的农业发展模式。它最大的特点在于整体系统性。它既要使农业生产系统内部的全部要素形成平衡协调发展的统一体，也要与整个社会技术经济系统形成一个功能整体。目前我国的家庭生态经济发展还处于经营规模小、产品种类少、兼业经营的生态庭院和专业化程度低、产量不大、商品率低的生态农户层次。在生态链复杂的生态农业结构中，它是生态链转换过程中的基础环节，生态农业企业和生态村镇要以家庭经营为基础，要由小型的生态家庭经济集合形成大的生态循环系统。更何况小规模并不一定就是生态家庭经济的特征，小规模的生态家庭经济可以逐步发展壮大，形成较大规模甚至是大规模的生态家庭经济。

2. 现代家庭农场

目前，农户家庭已经成为我国农业生产活动的主体。但是，在专业化、集约化方面的发展还相对落后，与世界发达国家相比还有一定差距。在以后的发展中应促使农户分工分业，使生产要素向优势农户集中，加速农户之间的兼并与重组，增强农户的产业竞争力，同时，使其他农户重新定位，转换职业，逐步向二、三产业、向城市转移，是我国农村家庭经济发展的一个重要方向。

3. 农村家庭工业

农村家庭工业是农村经济的重要组成部分。从人类历史上看，工业的起源在农村，直到近代以前，工业的主体也在农村。长期以来，人们总是把农村家庭工业视为自然经济的组成部分，其功能是维持小农经济稳定性。其实，农村家庭工业并不一定就是自然经济。近代商品经济的发展，农村中一些家庭工业也突破了地方性市场的限制，开始为全国以至国际市场生产。以农民家庭为单位、工农业结合的生产组织形式在今后较长一段时间内仍然具有顽强的生命力。农村的家庭工业可以在不与农业“分离”的情况下，采用机器生产。可以预计我国农业的工业化，在较大程度上也要依赖于农村家庭的工业化。家庭工业将是乡村工业的主要生产车间。

4. 联合型家庭经济

发展联合型家庭经济是克服“小生产与大市场”矛盾的重要手段。在今后相当长的一段时间内，联合经济形式将以家庭经济为基础，集体经营、集团经营等经营方式将与家庭经营方式同时并存。家庭经济的发展将支持集体经营、集团经营的发展。同样，集体经营、集团经营将推动家庭经济的壮大。

（二）农民合作经济组织是我国农村经济组织发展的主导形式

20 世纪 80 年代以来，我国部分地区的农民互相合作，以资金或者劳动力为纽带，共同出资，共同管理，共同经营，发展一些科技含量较高的养殖、种植或者加工产业，标志着我国新型的农村经济合作组织诞生。

农民合作经济组织通过实现农民在生产要素上的联合，各种服务要求上的联合，各个生产领域上的联合，将推动我国农村生产力的再一次解放和再一次大的提高。它能使农村生产关系与农村生产力水平在动态中不断实现相互适应的调整，是实现农民走共同富裕道路的最好形式，因而也是我国今后农村经济组织形式的主导形式。

1. 农民合作经济组织规定性

农民合作经济组织一般包含以下五方面的规定性，符合这五项规定的经济组织才是比较规范的农村合作经济组织。

（1）农民合作经济组织的成员是具有独立财产所有权的劳动者，并按自愿的原则组织起来，对农业合作经济组织的盈亏负无限或有限责任。

（2）农民合作经济组织的成员之间是平等互利的关系，组织内部实行民主管理，农业合作经济组织的工作人员可以在其成员内聘任，也可以聘请非成员担任。

（3）农民合作经济组织是具有独立财产的经济实体，并实行合作占有，其独立的财产包括成员投资入股的财产和经营积累的财产。

（4）农民合作经济组织实行合作积累制，即有资产积累职能，将经营收入的一部分留做不可分配的属全体成员共有的积累基金，用于扩大和改善合作事业，不断增加全体成员的利益。

（5）农民合作经济组织的赢利以成员与农业合作经济组织的交易额分配为主。

农民合作经济组织必须有共同的经济实体、自负盈亏、实行独立的经济核算。那些不以赢利为目的、无经营内容、不实行严格独立核算的农民技术协会，则不属农业合作经济组织的范畴。

2. 农民合作经济组织的基本特征

农业作为一个弱质产业，使个体的农民在市场竞争中处于不利的地位，农民的合作，使农业经济主体的合作对于农业的发展和农民市场地位的提高具有极其重要的意义。农民合作经济组织作为一种合作经济组织主要具有以下基本特征。

（1）农民合作经济组织具有合作经济组织的一般特征。农民合作经济组织作为一种合作经济组织具有合作经济组织的一般特征，这包括成员自愿地加入和退出、民主平等管理、互助共赢和利益共享等基本特征。

（2）农民合作经济组织是家庭经营基础上的协作经营。农业作为特殊的行业，即经营模式是以家庭经营为主，从而农业经营的个体经济就是家庭经营经济，这一特征使得农民合作经济组织在发展的初期，尤其是在传统农业向现代农业过渡的时期更带有社区性和综合性。

（3）农民合作经济组织的启动有较大难度。农业经营是一种典型的分散经营，尤其是传统农业，其商品化率很低，农民的合作欲望和合作意识很低，这说明合作经济组织的发展与市场竞争有着密切的关系。

（4）农民合作经济组织需要政府的大力支持。农民合作经济组织对于壮大农业经营主体的力量有着极其重要的作用，从而对于稳定农业的发展和稳定整个社会的发展有着重要的作用，但由于农民的合作意识较差，同时由于农民的自我管理能力不高，这严重制约了合作经济组织的启动和进一步发展，在这种情况下，政府应该在教育、培训和信息方面予以积极的支持。

3. 农民合作经济组织产生原因

（1）社会分工与生产专业化需要农业合作制。社会分工是商品生产存在的基本条件之一，农业生产越专业化、商品化，就越要求进行各种形式的合作或联合。如果农业生产是建立在自给自足的自然经济基础上，各个农户生产出来的农产品除了满足自给性需求外，基本上没有什么剩余，那么农户之间就没有实行合作的必要。如果利用非经济手段强行地把不同的农户组合到一起，就会阻碍生产力的发展。只有在各个农户之间，出现相当的社会分工和专业化，生产的各个不同环节、阶段由不同的生产组织去完成的情况下，彼此之间才有合作的必要。

（2）为了抵御市场风险和自然风险农业需要合作制。市场经济的发展，把众多的农户推向市场，而市场则由经济规律这只“看不见的手”来诱导资源配置。分散的农户面对变幻莫测的市场，风险骤增；农业还是受自然灾害影响最严重的产业，单家独户无力抗御自然灾害。为了减少和避免市场与自然所带来的风险，农民迫切需要合作制。

（3）农产品的易腐性和农业资产的专用性使农民需要合作制。大部分农产品具有易腐性，特别是蔬菜、水果、畜产品等，这些产品一旦成熟或采摘以后，如果不进行储存或加工，就必须马上卖掉，否则就会腐烂，农户会因此蒙受损失。因而农户自然会有合作的愿望，以解决农产品不耐储存的难题。农业生产中所购买或建设的许多生产资料具有专用性，若放弃该项经营的话，处理这些资产的价格将非常低廉。为了减少由此带来的损失，农户也在寻求长期的合作。

（4）在激烈的市场竞争中，小规模经营的农户需要合作制。一般来说，农户的经营规模比较狭小，单独采购生产资料难以获得价格优惠和运输上的经济，单独出售农产品也难以卖得好价钱。在生产中单独使用某些大型农业机械或先进的农业科学技术也可能变得不经济。农户在激烈的市场竞争中，为了降低成本，提高赢利，就需要通过合作制联合起来，借助外部交易规模的扩大来节约交易成本，提高在市场竞争中的地位，寻求规模经济。

（5）农业合作制与市场经济相伴而生。市场经济的发展是农业合作制发展的前提和基础，市场经济的扩张是农业合作制产生的土壤，而农业合作制是市场经济发展到一定阶段的产物，并为它的进一步协调发展起到推动作用。农业合作制作为连接农民与市场的中介，对于推动市场经济的发展，维持农产品市场和农业要素市场的稳定与均衡，改善农民的社会与经济地位起到了极其重要的作用。

实行合作化经营的优越性表现在以下几个方面：第一，合作化经营可以提高农户经营的比较效益，保护农民利益。农民可以加入农业合作社，合作社自己从事农产品加工销售等活动，把增值利润返还给农户，提高农民收入。合作社可以代表农民参与和工商企业、政府等方面的谈判，提高农户在市场上的讨价还价能力，从而更好地保护农户利益。第二，合作化经营有利于降低农户的市场交易费用。由农业合作社代表农户有组织地进入市场，进行供销活动，必然会降低交易费用。第三，合作化经营有利于降低农户参与市场的风险。由于农业生产的特点决定了农业生产不仅要面对自然风险，而且还要面对市场风险，农业合作社可以在资金、技术、信息、生产和流通等方面为农户提供服务，从而降低了自然风险和市场风险对农业生产的不利影响。

4. 农民合作经济组织类型

目前我国农民合作经济组织是指改革开放以来在中国农村涌现出来的

不同程度上具有合作性质的新型经济组织，包括以下三种：农村集体经济组织、农民专业合作经济组织、股份合作经济组织。以后还要分节讲述。

（三）**农业企业是我国农村经济组织形式发展的高级形式**

农业企业是指按照现代企业的生产经营方式从事商品性农业生产以及与农产品生产经营直接相关的经济组织，它包括种植、养殖、加工、流通、间接与农业相关的企业、农业中介、农业信息和农业科技等企业。农业企业化是指使农业从传统的自给自足或半自给自足的一家一户的小农经营方式向高度商品化的、面向市场的农业企业经营方式转变，使农民从传统的农业生产者向具有市场意识、风险意识、投资意识、科技意识的农业企业家方向转变，从而解决农业生产过度分散化和非组织化问题的过程。

农业产业化的微观基础和表现形式是农业企业化，农业产业化的过程就是农业企业化的过程。农业产业化过程中产生的各种新型合作经济组织形式，促进了市场对农业生产要素合理配置和劳动生产率的提高。而农业产业化也为农业企业化的进一步发展创造了广阔的前景。

在市场经济条件下，依靠社会力量，运用市场手段发展农业企业，实现企业主导，有利于巩固和加强农业的基础地位，解决农户小生产与大市场的矛盾。有利于解决农产品加工率低、销路差、效益低的问题，实现农业生产的规模化、区域化、专业化，促进传统农业向现代农业转变，提高农业整体素质。

在企业化的低级阶段，社会分工由垂直型向水平型转变，在企业化的高级阶段，生产和资本的集中逐渐形成垄断型的农业企业集团、农业产业集群。企业化的充分发展将直接导致农业现代化，农业企业化是农业现代化的高级阶段。

第二节　农村集体经济组织

一、农村集体经济组织的概念

农村集体经济组织是指在原来“三级所有，队为基础”的人民公社体制基础上，经过推行家庭联产承包制一系列改革，以土地为中心，以农业生产为主要内容，以行政村或村组为单位设置的社区性合作经济组织。生产责任制实施后的农村行政管理发生了变化，原有社队经营核算的集体单位不适应包产到户的需求，国家陆续将人民公社改为乡镇或者乡，生产大队改为行政村，生产队则改为村民小组。而这类“村、组”就构成了一般意义上的“集体经济组织”（简称集体）。集体是一种法人单位，村组领导层管理集体经济，成为市场中的一个经营主体。一般讲集体经济组织与村委会、村党支部是一体的，很难分开的，村集体经济组织职能由村党支部或村民委员会代管。

农村集体经济组织作为我国农村一种最普遍的合作经济组织，在保障农民家庭经营发展和促进农业发展方面做出了巨大的贡献。但由于传统计划经济的影响，农村集体经济组织具有一定的行政特性：农民没有选择进入和退出的自由，因为土地是集体所有；管理缺乏民主，乡镇人民政府对集体经济组织存在较多的干预；管理水平较低，在带领农民共同致富方面没有起到应有的作用。从本质上讲，现在的农村集体经济组织不算真正意义上的合作经济组织，关键问题在于现行外部体制导致内部没有民主管理体制，但随着《村民委员会组织法》和新的《村民自治条例》的贯彻和实施，农业集体经济组织的合作性质逐步深化。我们可以预见在不断完善的市场经济体制下农村集体经济组织仍然是最基本和最主要的农业合作经济组织，也必然会成为其他农业合作经济组织发展的基础。

二、农村集体经济组织基本功能及特点

（一）农村集体经济组织基本功能

按照有关法律和政策规定农村集体经济组织的职能包括以下几方面。

1. 积累功能

体现在管好、用好集体经济组织内部的集体资产，组织生产服务和集体资源开发，增加集体积累。集体经济组织一方面要防止集体资产的流失，使其能够保值并不断增值；另一方面要拓宽生产门路，兴办新的集体企业，为剩余劳动力提供更多的就业机会。

2. 协调功能

协调成员利益关系和资源的合理流动，在协调成员利益关系上要体现公平、公正、公开的原则，在协调资源合理流动上要体现科学配置、效率优先、利益最大化的原则。

3. 分配功能

在集体经济组织内部调节农民的收入再分配，促进农业生产的持续、稳定发展。

4. 服务功能

农村集体经济组织要向农户提供生产经营方面各种服务，既要提供产前、产中、产后相关的各种服务，又要提供党的各项方针政策、法律法规的宣传服务，还要提供用工信息、科技等方面的服务。

5. 监督功能

主要监督党的各项富民政策的落实及各项法律法规的落实。

（二）农村集体经济组织的特点

1. 地域性。农村集体经济组织是基于在土地生产资料集体所有的基础上形成的，决定了其只能是集中在本村的地域上，并按已划分好的行政区域管理各自的范围。

2. 农村集体经济组织机构没有独立性。在农村村民委员会既执行着社

区职能，又兼具集体经济的管理职能，在组织结构上属于“政社合一”。

3. 村民委员会既是村集体资产的所有者，又是村集体资产的管理者。

4. 农村集体经济组织主要为社会管理和经济发展服务。

三、农村集体经济组织存在的问题

（一）农村集体经济组织形式落后，没有设立独立的农村集体经济组织，还继续沿用计划经济时期的“政社合一”体制。在广大农村，村党支部或村委会既执行着社区职能，又兼具集体经济的管理职能，形成了组织结构上的“政社合一”。

（二）管理水平不高。一是职责不清，村党支部或村民委员会与农村集体经济组织职责不明确。二是财务管理制度不健全，缺乏壮大集体经济积累的长效机制。三是财务公开和民主监督制度落实不力。

（三）发展壮大集体经济缺乏新的途径。实现集体经济增长的形式单一，有效资源资产没有得到充分开发利用。

（四）各级对集体经济支持力度不够，发展集体经济的环境有待进一步改善。

四、完善农村集体经济组织的措施

新时期农村集体经济组织建设要以尊重农民意愿为前提，以村集体经济发展现状为基础，以发展壮大集体经济实力为目标，积极探索适合农村集体经济发展的组织形式。

（一）改革创新，积极探索创建新的农村集体经济组织形式

1. 要明确界定集体经济组织成员与非成员

集体经济组织成员是参加集体分配的基本条件，集体经济组织成员资格的界限是：组织成员的户籍关系应当登记在本村，并执行本集体经济组织成员的村民会议、农户会议或村民代表会议决议，履行成员应尽义务；按国家户籍管理规定本人及其子女落户地有两处以上选择、成员资格有争议的，经本集体经济组织成员的村民会议、农户会议或者村民代表会议讨论，应到会人员的三分之二以上同意接收、确认其为本集体经济组织成员。集体经济组织内部按人口平均发包土地、分配土地收益以及进行其他集体分配时，遇成员结婚或者其他情况，按国家户籍管理规定只能将本人及其子女户籍关系登记在本村的，应确定为户籍所在地集体经济组织成员。

2. 根据各村集体经济实力建立不同的集体经济组织形式

（1）对经济实力雄厚、人均耕地面积较少的村，可以试行股份合作制改革，在清产核资的基础上，建立农村股份制经济合作组织，根据村经济合作组织成员的人口、劳动贡献等因素，把货币资产和固定资产量化到人，组建管理和经营机构，实行公司化运营、企业化管理，按股分红，确保村集体资产保值增值。

（2）对集体经济实力较好的村，要建立独立于村民委员会之外的农村集体经济组织，充分发挥农村集体经济组织的管理和服务职能。

（3）对经济实力薄弱的村，一般继续沿用目前由村党支部或村民委员会代行村集体经济组织职能的组织形式。

（二）加大农村集体经济体制改革力度

改革农村集体经济管理体制，划分村集体经济组织与村委会的职责，明确村委会出资所有权与村办企业法人财产权的关系，实现集体资产收益与村组织收入分账管理。积极推进产权制度改革，按照“归属清晰、权责明确、保护严格、流转顺畅”的原则，逐步建立农村集体经济的现代产权制度。在产权构成上，既可以由劳动群众共有，也可以由劳动者按股份所有。在分配方式上，鼓励各种生产要素参与分配。强化资产管理和资本经营，对村集体经济组织的存量资产，在留出一定数量的社会保障资金后，可以量化到集体经济组织的成员。积极推进集体资产经营方式改革，打破产权封闭、区域封闭，实现开放式经营，积极推进高起点、大范围、宽领域的资产重组，优化集体资源配置。严格规范财务管理和完善积累机制。切实加强农村集体资产管理，对承包经营集体的土地、山林、水面等的企业和个体，要及时按承包合同收缴其承包金。集体土地被征用所获得的土地补偿费等收入，除国家规定分配给农民的以外，其他所得一律作为集体积累资金，主要用于发展农村集体经济和公益福利事业，不得平分到户，分光吃净。要定期进行清产核资，建立健全集体资产民主管理制度。推行村账乡代管、会计委托代理制、村会计集中办公制、村级财务电算化等多种形式的财务管理新办法。保持农村财会人员的相对稳定，对其加强培训，实行持证上岗制度。村集体经济组织不得为本组织以外的单位或者个人提供经济担保，不得将集体资金出借给外单位或者个人使用。农村集体经济收入要有一定的比例用于发展生产，严格控制非生产性开支占当年可支配收益的比例和总量。按照因事设人的原则，减少村组享受补贴的干部人数，合理确定村干部报酬。

（三）加强财务民主监督和审计监督

进一步规范和完善村务、财务公开制度，特别是一些集体经济收支行为较多的村，要建立村级财务审计制度，对主要村干部实行经济责任审计。实行民主决策、科学决策制度，重大事项必须由村民大会或村民代表会议一事一议。建立民主理财制度，对集体经济组织的财务收支活动实行民主监督和管理。民主理财小组接受镇（乡）农经站的指导，有权审查集体的各项收支并否决不合理开支，有权检查监督集体经济组织的各项财务活动，有义务协助镇（乡）农经站对集体财务工作进行审计。农经站、审计监督部门要切实加强对村级财务的审计监督，以经常性审计、专项审计和干部离任审计为主，对镇（乡）、村干部任职期间违反规定给集体造成损失，或群众反映强烈的农村集体财务管理问题应进行重点审计；要会同纪检、监察部门对侵占、挪用、挥霍、浪费、截留集体资金等涉案问题进行严肃查处并依法追究责任。

（四）改革创新，积极探索农村集体经济发展的新路子

进一步巩固和完善以家庭承包经营为基础、统分结合的双层经营体制。在提升家庭经营的基础上，充分发挥集体统一经营优势，加强民主管理，理顺分配关系，增强发展活力。积极发展股份合作制经济，打破区域和所有制界限，把农民劳动合作与社会资本、技术、管理合作结合起来，把土地、山林资源优势与商品开发结合起来，通过对传统集体经济进行股份制改造、新办经济实体，优化生产要素配置，盘活存量，引进增量，不断壮大农村集体经济实力。大力发展新型合作经济，引导村集体与基层农技组织、基层供销社、农业龙头企业、专业大户等开展合作，发展技术指导、信息传递、物资供应、产品加工、市场营销等各类专业合作社、专业协会和专业中介组织，实现农村集体经济向多层次、多领域延伸和扩张。

努力创新农村集体经济发展模式和探索发展途径。认真总结和推广外地发展壮大农村集体经济的成功经验，采取创办集体企业、建设商品基地、开发优势资源、发展专业合作组织、城镇建设带动、招商引资带动、扶贫开发带动等多种模式发展农村集体经济。发展集体经济要结合各村实际，因地制宜，突出特色。集镇和城郊接合部、靠近公路沿线的村，要鼓励农村集体经济组织积极依法参与城镇建设和发展商贸业、乡村旅游业，通过招商引资建造厂房、市场、商贸房和仓储设施等二、三产业载体，发展配套服务业。平原农区，要结合农业结构调整和产业化经营，建设蔬菜、花卉、畜牧、水产等特色商品基地，发展农业龙头企业。山区、半山区，要通过参与农业基础设施建设，创办生态农业和旅游园区、股份合作制林场、生态畜牧养殖小区，要结合扶贫开发项目和资金扶持，通过建立服务组织、发展特色产业、组织劳务输出，不断带动集体经济发展。

（五）制定优惠政策，营造发展农村集体经济的良好环境

采取有效措施化解乡村不良债务。要全面清理乡村各种债权、债务和担保金额，对清理出的不良债务要通过多种途径有效化解。对村集体因发展社会事业产生的债务，区、镇（乡）财政要在全面清理的基础上，筹集一定数额的资金，有计划地分期偿还。改变忽视集体资产管理和部分资产闲置的现状，积极清收历史欠款，严格控制非生产性开支，把经营情况列入公开的范围，接受集体监督，确保管好、用好资产，防止流失并实现保值增值。兴办各种公益事业和企业要量力而行，村集体未经村民代表大会或村民大会讨论通过，不得举债建设新项目、新办企业和经济实体，坚决制止新的不良债务产生。

合理开发资源性资产。允许村组在明晰土地资源产权关系的基础上，将合法的非农建设用地以使用权入股、租赁等形式，开展村与组之间、集体企业与农户之间、村组与外来企业之间等多种形式的经营合作。鼓励和支持村集体经济组织参与“四荒”资源有偿开发，以及依法经营集体水资源、山林资源、草山草场资源、矿藏资源，参与水利工程和林业工程建设。若农村集体土地被征用，可以按批准征用地面积预留 10% ~ 15%，作为失地农民的安置用地，用于发展二、三产业。

（六）切实加强领导，确保农村集体经济健康发展

加强对发展壮大农村集体经济的组织领导。要建立领导干部发展农村集体经济帮扶责任制，把发展壮大农村集体经济作为衡量镇（乡）党政领导政绩的重要内容，定期检查、严格考核。强化农村经济经营管理部门职能，加强对农村集体经济发展的具体指导服务。有关职能部门要紧密配合，为发展壮大农村集体经济提供有效服务，认真解决好集体经济发展中的难点、热点问题。

（七）制定农村集体经济发展规划

要把发展壮大农村集体经济纳入当地经济社会发展的总体规划，在深入调查研究的基础上，因地制宜地制定集体经济发展规划，明确发展目标和主要任务，选准发展路子。要认真分析每一个村的发展条件，把扶持的重点放在集体经济发展薄弱村上，按先易后难的顺序加快集体经济发展。规划中要突出重点行业和领域，把发展重点放在为农户搞好产前、产中、产后服务；以特色优势农产品为重点，以优质化、专用化、品牌化为主攻方向，发展“一村一品、一村一业”；发展农业龙头企业，重点发展特色农产品加工业和旅游观光业。

（八）切实加强农村基层组织建设

要切实加强以村党支部为核心的农村基层组织建设，发挥党支部的战斗堡垒作用，形成在村党支部领导下，村委会和村集体经济组织合理分工、各负其责、相互配合的组织管理体系。积极把愿意为群众办事、符合党员条件的农村致富能人吸收到基层党组织中来，发挥他们的带动作用。建立村干部定期培训制度，重点抓好思想政治培训、政策法规培训、经营管理技能培训，不断提高村干部带领农民发展集体经济的本领。

第三节 农民专业合作经济组织

一、农民专业合作经济组织的概念及其特点

（一）农民专业合作经济组织的概念

农民专业合作经济组织是农村经济体制改革中涌现出来的新生事物，是指农民以某一农业产业或农产品为纽带，以中间组织成员的收入为目的，有同类产品的生产者、为该生产经营各环节服务的提供者和利用者，自愿联合、自主经营、民主管理、自我服务的一种自主性和互助性相结合的合作组织。

农民专业合作经济组织的发展是建立在家庭承包经营基础上的，不改变现有的生产关系，不触及农民的财产关系，适应了农村的改革与发展。可以这样认为，农村专业合作经济组织是农村组织制度的一种创新。在中国，农民专业合作经济组织的名称是多样化的，有的叫农民专业协会，有的叫专业合作社，还有的叫农村专业技术协会、合作协会等。农村专合组织制度创新，是农村经营体制的创新，它是促进传统农业向现代农业转变、促进城乡和谐发展、提高农民组织化水平的有效制度安排之一。

（二）农民专业合作经济组织的特点

从现阶段来看，农村专业合作经济组织的特点主要表现在以下几个方面：

1. 农民专业合作经济组织不改变农民最敏感的土地承包关系，不改变农户自主经营权利，农民可以根据生产经营活动的需要参加各种各样的专业协会。

2. 专业性强，它大多以专业化生产为基础，以某一类专业产品为龙头组织起来，如养猪协会、养牛协会、养羊协会、水果协会、蔬菜协会、食用菌协会等，都有明显的专业特征。

3. 专业合作经济组织以服务为宗旨，很好地帮助农民解决了一家一户做不了、做不好的事情。它了解农民需要什么，需要多少，能有针对性地开展服务。

4. 在组织管理上，实行自愿结合，入退自由，民主管理。

5. 在经营方式上灵活多样，独立自主；以合作为前提，能者牵头，多种形式，共同发展。目前的经营方式主要类型：一是依托专业大户，兴办各类专业合作社。这类合作社在资金筹集、技术提供、市场开拓等方面有较明显的优势。二是由能人带头，围绕发展主导产业建立各类专业合作社。这类合作社通过发挥“能人效应”，由“能人”带领广大农民办实体、搞加工、闯市场、促增收。三是依托基层供销社，吸收周围农民对从事专业生产的农户建立合作社。它能够充分利用基层供销社的资源和人力、财力、物力，发展专业化生产，实行社会化服务和企业化管理。四是由乡镇政府引导，紧紧围绕主导产业发展，组织所辖各村农民建立各类合作社。五是农业龙头企业利用加工能力、资金优势牵头吸纳周边村民、专业户组成合作社。

6. 风险共担，利益共享。合作经济组织内部的每个成员既是利益的共享者，又是风险的承担者。合作组织根据他们交售农产品的数量和质量返还利润，根据劳动和资本的投入量分红。合作组织内部事务由农户协商解决，实行民主管理、民主决策。

二、农民专业合作经济组织的功能

（一）组织功能

1. 按照国家产业政策，组织成员进行生产与销售，促使农业生产由行政管理过渡到由合作经济组织协调管理。

2. 根据国家产业规划以及市场信息，组织和协调农户进行专业生产。

3. 根据市场需求和农民意愿，把分散的“专业户”“专业村”，通过专业合作，组织起各种类型的专业农协，以参与市场竞争。

4. 在经济发达的地区，通过各类合作经济组织，直接组织农业劳动力有序地流动到第二和第三产业，实现农业规模经营，为农业产业化经营奠定基础。

（二）中介功能

大公司、大市场不可能都直接面对千家万户；同样，分散经营的农户，也不可能直接加入大公司的经营序列或纷纷进入大市场买卖农产品。在市场需求与市场竞争中，农户为避免自然与市场风险，需要“合作经济”这一中介组织。同样，公司（企业）也需要一个“中介”组织，以节约交易成本，无论哪一种农业产业化经营模式，都需要有一个中介组织，使公司与农户、市场与农户对接。

（三）载体功能

所谓载体功能是指农村专业合作经济组织从单纯的组织功能、中介功能中“跳”出来，逐步向产前和产后延伸，兴办各种经济实体，逐步将自身的组织演变成社区性的产业一体化组织或专业性的产业一体化组织。

（四）服务功能

向农户提供产前、产中、产后有效服务，是实施农业产业化经营必不可少的手段。由于农村专业合作经济组织的“根”扎在农民的“土壤”中，因此它对农户的服务最直接、最具体，从而成为农业社会化服务体系中不可取代的重要组成部分，成为维系农业产业化链条各环节稳固相连并延伸的生命线。

三、农村专业合作经济组织的作用

农村专业合作经济组织的作用主要表现在以下几方面。

（一）有利于提高农户进入市场的组织化程度

农村专业合作经济组织依据国家有关产业政策，按照市场信息，引导农民有组织地进入市场，使一家一户小生产与千变万化的大市场进行了有效对接。目前，大部分已形成一定规模的农村专业合作经济组织，它们大都组织了一支供销队伍，奔波于城乡各地，活动在流通领域，在一定程度上和一定范围内解决了农民进入市场时的“买难”“卖难”问题，减少了中间环节，节约了交易成本，也避免了市场波动给农民造成的经济损失。目前全国农村专业合作经济组织中，专门从事流通服务的合作组织已经占38%。

（二）推进农业产业化的主要形式和载体

农村专业合作经济组织已经成为推进农业产业化经营的一种有效组织类型和载体，能够满足农业产业化的基本要求，解决农业产业化经营中的诸多问题，将农业产业化的各个环节有机地结合起来，通过提供配套的系列化服务，进而提高专业化生产的整体效益，促进农业产业化经营发展。

（三）服务“三农”的具体实践

统筹城乡经济发展是一项艰巨任务，前提和基础是解决好“三农”问题，根本途径是加快推进工业化和城镇化进程，以工业化带动城镇化、农业产业化，靠农业产业化提高农业效益、帮助农民增收致富。只有农村经济发展了，农民富裕了，才是真正实现建设小康社会的目标。当前农村进入了一个新的发展阶段，各级政府制定了农村经济发展的优惠政策，出台了农民增收致富的具体措施。供销社的根基在农村，服务的主体是农民，大力创建新型农村合作经济组织是服务“三农”的具体实践。

（四）增加了农民收入的有效途径

创建新型农村合作经济组织恰好是提高农民组织化程度的一种有效形式。实行这种组织上的大联合，才能把生产过程中产前、产中、产后的各个环节连成一体，形成规模效应，提升综合经济效益，让农民增产增收。

（五）有利于提高农民的科学文化素质

我国各类农村专业合作经济组织都十分重视提高成员的科学文化知识，广泛地运用报纸、广播电视、书籍、墙报、自办辅导材料等，不定期邀请专家学者现场授课等生动易学的方式，对广大成员开展技术培训，成为我国农村教育事业的重要组成部分。据对 22 个省（自治区、直辖市）的统计，近年来，各类农村专业合作经济组织共举办各类技术培训班 40 多万期，参加培训的成员和群众达 4288 万人次。通过培训，大多数人都掌握了一两门实用技术，其中 437 户已成为科技示范户，167 万人获得农民技术员等各类农民技术职称。特别是通过在农村专业合作经济组织的实习和实践，培养锻炼了大批懂技术、会管理、善经营的实用技术人才。由于许多农村专业合作经济组织具有很强的吸引力，在入会条件中加入了对精神文明的要求，在一定程度上也促进农村社会主义精神文明的建设。

四、农民专业合作组织存在的问题

（一）群众基础不够

相当一部分农户不知什么是专业合作经济组织，对发展这种组织的安全性和必要性知之甚少。大部分专业合作社力量薄弱，严重影响了专业合作社应有功能的发挥。

（二）合作社内部结构不够合理、法人资格不够明确

作为合作经济组织它既不属于企业法人，也不属于社团法人。实际上各类专业合作社成了农村种养贩销大户、经营能人的“代名词”。

（三）内部管理粗放、管理人才匮乏

由于受自身素质的影响，存在着组织结构不严密，规章制度不完备以及责权利不明确，合作社的章程、会员代表会、理事会、监事会形同虚设；内部财务管理不规范，有的合作社根本没有财务管理方面的内容；入社社员各自为政，社员同合作社的关系没有直接的利害关系，合作社的生产经营规模和经济效益也不能明确和及时地体现。

（四）管理部门责任不明确，上下不一致

如扶持资金由县农办负责发放，工商登记由县供销社批文才能登记，而省、市级示范专业合作社由县农业局负责上报。管理体制的缺陷，影响了各职能部门对合作社的指导和服务。

五、农民专业合作经济组织与其他部门的关系

在现阶段乃至今后一个很长的时期内，农村专业合作经济组织在整个农村组织资源中比重不会很大；同时，在农业社会化服务体系中也只能起到补充和载体作用。所以，必须加强与其他组织的合作，协调好各方面的关系，才能搞好服务，才能促使它健康发展。现阶段，农村合作经济组织迫切需要处理好以下几个关系：

（一）专业合作经济组织与社区集体经济组织的关系

专业合作经济组织是围绕专业生产经营开展服务，其成员往往是跨社区的，然而又不可能脱离社区开展服务，专业合作经济组织的成员既是社区集体经济组织的成员，又是某个专业合作经济组织的成员，所以，它要在社区集体经济组织的配合支持下开展服务。在一些由社区集体经济组织牵头兴办的农村专业合作经济组织更是如此。

（二）农民专业合作经济组织和科技部门的关系

这种关系实际上是指导与被指导，互为支持的关系。农村专业合作经

济组织要积极争取科技部门的支持，主动承担技术推广的中介和组织任务，建立科研开发、示范基地，聘请科技人员直接参与农村专业合作经济组织工作，充分发挥科技部门在指导专业合作经济组织，普及科技知识、发展农业生产过程中的骨干作用。

（三）农民专业合作经济组织与各级政府的关系

从目前我国实际情况出发，专业合作经济组织的发展离不开政府的扶持与引导，这和民办原则并不矛盾，这种扶持与引导需要把握住几点：

1. 政府要制定必要的适度干预与扶持政策，予以正确引导；

2. 政府部门切不可包办代替，把农村专业合作经济组织搞成官办的组织；

3. 当地政府领导不要在专业合作经济组织中担任实职；

4. 农民专业合作经济组织可以聘请专业技术人员到农村专业合作经济组织兼职或任职；

5. 充分尊重农民专业合作经济组织的经营自主权和财产所有权，不能搞“平调”，不能加重其负担；

6. 绝不能一哄而起。

六、加快农民专业合作经济组织发展的措施与对策

应从以下几个方面着手：

（一）坚持原则，多种形式发展

在发展农村合作经济组织必须坚持“民办、民管、民受益”的基本原则以及形式多样、群众自愿、循序渐进、因地制宜、逐步发展的原则。在组建形式上，要依靠农民，动员社会各方面的力量参与发展农村合作经济组织，农村党员干部应成为发展农村合作经济组织的带头人。在实践中，可以完全是农民自办，也可以是国家技术经济部门、事业单位与农民联办，也可以是涉农企业、公司与农民联办。合作组织的发展方向是由官办逐步

走向民办，龙头企业可以牵头，政府部门、供销社乃至科技人员和流通骨干也可以牵头。在服务内容上，可以是单项的，也可以是多项的。可根据实力逐步扩大服务领域，举办服务和经营实体。在发展模式上，可以是合作经济组织办龙头企业，也可以是龙头企业办合作组织，或者是采用“公司 + 专业合作社 + 农户”的模式。条件成熟的地方，可以运用股份合作机制，发展跨所有制、跨地区的多种形式的联合与合作，逐步形成上下贯通、纵横交织的合作经济组织体系。

（二）统筹规划，突出重点

要围绕农村发展的实际，突出资源和产业优势，逐步建立健全各类专业性合作组织，重点发展专业合作社。一是围绕搞活流通，解决农民买难卖难问题，引导农民重点发展各种购销专业合作经济组织。二是围绕加工增值，提高农业的比较利益，建立各类加工型合作经济组织。三是围绕推进农业科技化，提高科技含量，发展各类专业技术协会、研究会。

（三）搞好试验示范和典型引路，理顺关系

今后要以农业结构战略性调整为契机，通过典型示范，以点带面，稳步推进。选择部分村进行农村合作经济组织建设规范试点，积累经验，探索路子，推动面上工作。要善于从现有合作经济组织的实践中认真总结经验，特别要认真总结建立和完善专业协会、专业合作社内部组织制度、民主管理制度和利益分配制度的经验。在此基础上，制定地方性的“合作经济组织示范章程”。同时，合作经济组织还要理顺与乡村合作社、供销社以及其他中介组织的关系。

（四）制定政策，加大扶持

农村合作经济组织是一项新生事物，目前尚处于起步阶段，需要积极引导和扶持。各级部门要转变职能，优化环境，努力搞好服务；要支持而不要干预，更不要包办代替合作经济组织的生产经营活动；要总结典型，加大宣传力度，积极引导，增强广大干部参与发展农村新型合作经济组织的自觉性和积极性；要加强对农民和企业的培训和教育，使他们提高组织化程度的自觉性，帮助他们成立和经营好农村合作经济组织；尽快出台发展农村合作经济组织的指导性意见，要确定农村合作经济组织的合法地位在登记注册和法人管理上予以扶持和帮助；要制定扶持政策，在财政支付、税收、贷款等方面，扶持壮大农村新型合作经济组织。

（五）规范强化对专业合作社的指导和监督

按照市场经济运行规律，避免政府干预、下指标、纳考核。坚持“民办、民管、民受益”的原则；坚持因地制宜、不拘一格、灵活多样的办社原则；坚持开放性的原则，可以在社区范围内兴办，也可跨社区兴办，可以在行业内兴办，也可跨行业兴办。管理部门在积极引导的同时，要依据有关政策、法律、法规，规范其生产经营行为，加强审计监督，保证农村专业合作经济组织健康发展。

（六）建章立制，规范内部管理制度

建立健全民主管理、民主监督、财务管理、利益分配等各项规章制度，引导其走向规范化、法制化管理轨道。由单纯的技术服务、农产品收购向物资供应、产品加工、储藏、销售等综合服务转变，不断拓宽服务领域。入社会员同农民专业合作社关系由开始时的“松散型”向“紧密型”转变，把农民专业合作社发展成为与农民“利益共享、风险共担”的经济利益共同体。逐步实现：

1. 建立自我完善和自我发展机制，处理好服务与赢利的关系；

2. 建立利益分配机制，做到风险共担，利益共享；

3. 建立科学民主的管理机制，完善规章制度，明确会员的权利、义务和议事规则，真正做到“民办、民营、民管、民享”。

第四节　农村股份合作经济组织

一、股份合作制的概念及其特征

（一）股份合作制的概念

股份合作制是采取了股份制某些做法的合作经济，是社会主义市场经济中集体经济的一种新的组织形式。股份合作制企业：是以合作制为基础，实行以劳动合作与资本合作相结合，按劳分配与按股分红相结合，职工共同劳动，共同占有生产资料，利益共享，风险共担，股权平等，民主管理的企业法人组织。

股份合作制经济作为一种新的经济组织形式，实行劳资两全，容纳多种所有制，融通生产要素，聚集企业规模，发展社会生产力的一种新型的集体所有制经济组织形式，符合中国国情，具有中国特色。

（二）股份合作制的特征

股份合作制作为一种股份制与合作制相结合的新型经济组织形式，既不完全等同于股份制，也不完全等同于合作制，而是以劳动合作为基础，吸收了股份制的一些做法，使劳动合作与资本合作有机结合。比较规范的股份合作制企业一般具有如下特征：

1. 企业职工既是出资者又是劳动者，共同出资、共同劳动、共担风险；

2. 企业实行民主管理，最高权力机构是职工股东会，采取一人一票为主的投票决策制，保证职工股东享有平等的表决权；

3. 同股份制一样实行资本保全原则，股东以其出资额为限对企业承担责任，企业以其全部资产对企业债务承担责任，股东不得退股，以保证企业正常的经营运转和对社会承担相应的义务；

4. 企业内部实行按劳分配与按资分配相结合的分配制度，由全体职工共同分享劳动成果，共享税后利润。目前城乡大量出现的股份合作制，有多种形式，还不够规范，应积极支持其发展，并在实践中加以正确引导，使之逐步完善。其中，劳动者的劳动联合和劳动者的资本联合为主的集体经济，尤其要提倡和鼓励。

（三）股份合作制的意义

1.股份合作制确立了产权责任基础

明晰了所有权、经营权等各种产权关系，有利于推进企业的民主化管理进程，促进政企分开，减少乡村组织对乡村企业的行政干预。股份合作制明确了所有者、经营者和职工之间的权利、责任和义务，解决了企业主体不明确的问题，消除了企业短期行为产生的经济基础，明确了企业追求的目标是效益最大化。在实行股份合作制后，企业决策者只对包括本企业职工在内的各方股东负责，企业不再成为行政组织的附属物，乡村组织对企业的管理将主要转为加强宏观指导和协调服务。

2.有利于加快生产要素流动，优化资源配置

农村经济发展面临的一个主要问题是资金不足，但在传统集体经济制度下，资产浪费、流失无人关心，农业开发、新上投资项目企业没钱投，农产不敢投，银行不愿投，导致生产要素流动迟缓。股份合作制打破了不同所有制之间的界限，在各生产要素所有者之间可以取长补短，有利于盘活资产存量，拓宽增量渠道，聚集各种生产要素，扩大经营规模，在一定程度上缓解了当前企业资金短缺和不同成分之间生产要素不能结合的矛盾。

3.打破了“铁饭碗”和“大锅饭”

企业运行由外部压力为主变内部动力为主，促进了“自负盈亏、自我积累、自我约束、自我发展”机制的形成。

（1）改变了集体经济经营承包中负盈不负亏的弊端，形成了有效的监督机制和民主管理制度，经营者的聘任与否和报酬多少，完全取决于自身的工作态度、经营能力和贡献大小。

（2）职工一方面作为劳动者，劳动报酬与能力和成绩挂钩。

（3）职工是股东，必然会按股份份额多少对经营者人选、重大决策和收入分配进行监督。

4. 有利于集体资产的保值增值

股份合作制完善了以按劳分配为主，结合股金分红的两种分配制度，调动了各个方面的积极性，使企业的所有者、经营者和职工都与企业结成了利益与风险生死与共的共同体，都来关心企业的经营状况，有利于集体资产的不断增值。

5. 股份合作制特别适合于各种经济成分之间的联合

实行家庭联产承包责任制以后，一些由家庭经营发展而成的个体、私营企业，适应市场经济发展的需要，迫切需要扩大生产规模，走向联合和合作，但他们又担心带来传统集体经济产权不清或合伙企业“一年合伙、两年红火、三年散伙”的局面，也不可能建立不以赢利为目的的合作社，同时他们也很难一下子就具备建立现代公司制度的各项条件，因此股份合作制就成了他们走向联合的必然选择。这种联合可以是农民与农民之间，也可以是农民与乡村企业、国有企业、城镇企业、外商之间的联合，适应性相当广泛。

二、农村股份合作制的概念和特征

农村股份合作制是在农村原有合作制基础上，实行劳动者的资本联合，把合作制与股份制结合起来的具有中国特色的农业生产组织制度。农村股份合作制组织中的农民具有双重身份，既是劳动者又是股东，因而既能实现劳动合作与资本合作的有机结合，又能实现劳动集体的共同占有和劳动者的个人占有的有机结合，既能继承合作制优点，实现规模经济，又能融入股份制长处，调动各方面积极性。农村股份合作制是适应我国农村现阶段以家庭经营为基础、统分结合、建立完善社会化服务体系、发展壮大集体经济的要求，适应我国农村现阶段生产力状况和要求，适应社会主义商品经济和社会化大生产发展要求的集体经济组织形式，是一种崭新的社会主义公有制经济的实现方式，完全符合社会主义的方向和原则。农村股份合作经济是我国农民在深化改革中的伟大创造，是马克思主义合作制理论在我国社会主义建设实践中的新发展。

农村股份合作经济是商品生产和市场经济发展的产物，是在实行家庭承包为主的各种承包制基础上，对农村进行深化改革和对农业进行综合开发和发展二、三产业中，新涌现出来的不同于集体所有制经济的一种公有制经济形式。从目前农村股份合作经济的情况看，主要有两种类型：一类是农民、集体、国营企事业单位和工作部门，分别以土地、资金、设备、技术等不同生产经营要素参股，新组建的股份合作企业。这类形式产生的时间比较早，有的在20世纪80年代初期就发展起来；分布面也比较广，各种地区和各个产业部门都有建立。另一类是农村集体经济把股份制引进集体产权制度，通过对生产性集体资产评估、作价、折股，将一部分或全部股权，采取售股、扩股、无偿分股给社员个人等办法，把农村集体经济改革为农村股份合作制经济。这类形式主要集中在经济发达地区。

第五节　农业社会化服务体系

一、农业生产社会化服务

（一）农业生产社会化服务的概念

农业生产社会化服务是指社会有关部门、单位和个人，根据农业商品生产发展的需要，为农业生产提供的产前、产中、产后全过程综合配套服务。服务的项目和服务的环节随着社会分工的发展逐渐扩大。主要包括：

生产前服务：农业生产资料的供应、信息、咨询、信贷、人才培养等；

生产中服务：农业技术、农机作业、经营管理、保险等；

生产后服务：农产品加工、贮藏、运输、销售等。

在农业日益专业化、商品化、现代化过程中，各个服务环节，将依据其与农业生产的内在联系，向多种经济成分、多种经营形式的服务体系发展，以使农业的生产、流通、分配、消费整个再生产过程，能够周而复始的正常进行，实现农业生产的良性循环。

（二）农业生产社会化服务组织的类型

农业生产社会化服务组织的产生，突破了地区性合作经济的单一模式，出现了国家、集体、个体一齐上，多种经济形式、多种经营方式并存的局面。服务的范围扩大到农业生产的全过程，从只为种植业服务，扩大到林、牧、渔业，从生产领域扩大到流通领域，各以自己拥有的条件和优势向服务领域扩展，把自己纳入促进商品生产发展的轨道。从组织形式的类型看，主要有以下几种：

1. 村级综合服务体系

通过双层经营中集体经济组织的统一管理与服务，主要办理农田水利基本建设、统一农机作业、植保、畜禽疫病防治、农技推广、农田排灌等服务项目。目前，从全国范围来说，约有 20% 的村能为农户提供较完善的服务，另有 40% 的村能在主要环节上为农户提供服务。

村级服务体系的组织形式有两种主要类型。一种是“以工补农”型。在大中城市郊区和东部沿海经济较发达地区，农村二、三产业的发展为集体经济提供了较多积累。村级经济从这些积累中拿出一部分来购买社会服务体系所需要的各种机械、设备，进行必要的农业基础设施建设，并配备相应的技术和管理人员。在这些地区由于集体经济实力相对雄厚，农户可从集体那里得到比较完善的系列化服务。

2. 企业集团（龙头企业）模式

这是国际国内资本向农业倾斜而形成的综合或专业的企业集团。企业集团向农业生产者提供财政、物资和技术援助，参与农户的经营管理，并根据市场情况对农畜产品的品种、数量、质量、供货时间等提出严格要求，农业生产者必须按合同的约定进行大批量的、均衡的、标准化和高质量的生产，不能满足合同要求的农业生产者将被淘汰。如山东诸城市围绕重要农产品生产、加工、流通，建立农副产品产、供、销一条龙的经营群体。这样，借助于一体化经营的优势，以经济利益为纽带，组织多部门、多层次联合，使农业生产在联合经营中得到产前、产中、产后系列服务。

3. 联合模式

各有关部门联合开展农业技术集团承包，通过承包的方式为农业生产提供系列化社会服务。例如四川、湖北等地普遍实行这种办法，一般是以行政部门为纽带，连接科研、农技、生资、财金等几个部门，组成承包集团，联合向农户提供服务。这种做法借助于行政的力量，打破了部门分割的局面，实现了技术、物质与资金的结合，使政府经济技术部门各种服务的整体效果大大提高。

4. 专业协会模式

这是一种以农民为主体自愿组成的社会团体，把分散的农民通过市场开拓和技术、信息服务等环节联结起来，形成利益结合、互相依赖的社会化生产和销售服务体系。这种民间技术服务组织广泛存在于种植、养殖与加工业各个领域。

二、农业社会化服务体系

（一）农业社会化服务体系的概念

农业社会化服务体系是以农业生产为中心，为农业生产提供产前、产中和产后全过程社会化服务的各种活动和组织的总称。包括为农业提供的资金服务、信息服务、农业技术服务、农业生产资料和农产品的供销服务、农副产品的初加工和深加工服务等。它是运用社会各方面的力量，使经营规模相对较小的农业生产单位，适应市场经济体制的要求，克服自身规模较小的弊端，获得大规模生产效益的一种社会化的农业经济组织形式。农民在生产经营中面临着许多一家一户办不了、办不好、办起来不合算的事，特别是随着农村青壮年劳动力大量转移就业，这方面的问题更加突出。通过建立新型农业社会化服务体系，为农民生产经营提供便捷高效服务，必将有力地促进农村基本经营制度的稳定和完善。

要加快构建以公共服务机构为依托、合作经济组织为基础、龙头企业为骨干、其他社会力量为补充，公益性服务和经营性服务相结合、专项服务和综合服务相协调的新型农业社会化服务体系。这对于促进农业稳定发展、农民持续增收，对于加快改造传统农业、走中国特色农业现代化道路具有重大意义。由于我国农户生产经营规模小，生产标准化水平低，产品交易成本高，抵御市场风险和自然风险的能力较弱，小规模生产与大市场的矛盾相当突出，不少农民在市场的迅速变动和严重的自然灾害中遭受很大损失。解决这一问题，根本出路在于建立新型农业社会化服务体系，为农民提供全方位的生产经营服务。只有这样，才能把千家万户的分散生产经营变为千家万户相互联结、共同行动的合作生产、联合经营，实现小规模经营与大市场的有效对接，大幅度降低市场风险和自然风险。一方面，服务社会化是农业现代化的重要标志，构建新型农业社会化服务体系本身就是现代农业建设的题中应有之义。另一方面，农业社会化服务体系也是实现农业现代化的重要支撑。通过提供社会化服务，可以有效地把各种现代生产要素注入家庭经营之中，不断提高农业的物质技术装备水平；可以在家庭经营的基础上发展规模经营、集约经营，不断推进农业生产专业化、商品化和社会化。

（二）健全农业社会化服务体系的重要性

1. 建立健全农业社会化服务体系是解决小生产和大市场之间矛盾的需要

以农户为主的家庭联产承包责任制，改变了统一经营、集中劳动的农业生产形式，它作为一种“小生产”方式，其固有的局限性使农业生产不能满足社会日益增长的需要，特别是这种小生产方式与发展社会主义市场经济的矛盾越来越尖锐。克服这种局限性，客观上要求加快建立健全农业社会化服务体系的步伐。首先，现代市场经济条件下的农业生产是一个包含众多生产环节的复杂过程，许多环节不适合分户经营，如灌溉、良种制作，如果单家独户进行，既浪费人力，也浪费物力、财力。有些虽然也可以分户经营的环节由于受资金、技术、精力等因素的限制，如果由农户各家去包揽，则会严重影响劳动生产率的提高。其次，一家一户经营既缺乏获得市场信息的有效渠道，又缺乏对信息的分析判断能力。市场经济中的农业生产需要现代化技术和可靠灵便的信息作保证，而我国多数农村地区还比较闭塞，农民缺文化、缺技术、缺信息还是一种较为普遍的现象。大多数农民跟着别人走，人家种养什么我也种养什么，一些地方的农民说，“市场经济，全是运气，碰着了就哈哈笑，碰不着就上吊”，就足以说明这一点。再次，由于我国目前多数农村的经济还不发达，农民的再生产能力很弱，靠单家独户的力量很难形成规模生产和规模效益，尤其是一遇自然灾害，往往无能为力，这就更需要农业社会化服务组织出面聚集分散在农户手中的闲散资金以作为农业发展的可靠保证。最后，从管理的角度看，由于每家每户作为一个生产单位，都必须考虑产、供、销的问题，考虑投入产出的效益核算问题，而目前的实际状况表明，大量的农户不具备这个素质。这种普遍性的管理问题当然需要通过培训教育的途径来提高生产经营者的素质，而从我国的实际出发，当前更需要一种专门性的组织来实施经常性的统一指导。

2. 建立健全农业社会化服务体系是减小农民承受市场风险的需要

农产品商品率的提高和农业商品生产的发展，客观上要求把一些每家每户共同的重复性的生产环节分离出来，从事某些专业性社会服务工作。随着社会主义市场经济的发展，由某一家包销农副产品的做法，已经适应不了生产发展的需要，过去由国家统购的几十种农产品已经放开，产多产少都由农民自己找出路，因而农业生产服务就应包括产前、产中、产后这种贯穿生产、流通、消费的全程服务，服务的范围和领域都扩大了。同时，产品由包销定价、国家统管，变为随行就市、价格上下波动，这对商品生产者来说，风险越来越大，客观上也需要有一种社会组织来承担这部分分工。

3. 建立健全农业社会化服务体系是推广科学技术的要求

一家一户为生产单位，容纳不了先进的技术手段，无力购置贵重的机具。机动喷雾器的功效比背负式喷雾器高十多倍，但是很多农民买不起，即使买后利用率也不高。工厂化育秧比传统的露地育秧优越，但是靠分散的单个家庭却难以做到。家庭经营与科学技术的发展经常出现矛盾，而且，农业生产资源的优化配置和合理利用、产业结构调整、产品开发、市场开发以及整个农业向深度和广度进军，都要求建立健全以技术服务为主体的农业社会化服务体系。

4. 建立健全农业社会化服务体系是解决家庭小规模经营与社会化大生产之间矛盾的产物

从全国总体上说，家庭经营适合我国现阶段农村生产力水平的要求，但从生产力水平更高程度发展的需要看，社会化大生产是一种历史趋势。要把家庭经营纳入到社会化大生产的轨道上来，在保持家庭经营的优点的同时积极组织社会化大生产，这就需要在完善农村双层经营体制过程中建立起能够沟通家庭经营和社会化大生产之间联系的社会化服务体系。另一方面，社会化大生产客观上要求把工业和农业结合起来。我国现阶段，大工业的社会化大生产和农业的小规模经营同时并存，工业和农业的结合，也只能通过强化服务体系这条途径来进行。

总之，农民家庭经营这种规模相对狭小的现实在短期内很难发生根本变化，农户家庭经营对农业社会化服务的依赖也将长期存在，而且，随着农业生产专业化、社会化和商品化程度的提高，农业生产对社会化服务的依赖程度会越来越高。即使是在农户家庭经营规模发生较大变化之后，也仍将有大量的单个经营单位办不到或办起来不经济的事情，因此，建立健全农业社会化服务体系不仅是使农业生产适应社会主义市场经济体制的重要一环，而且成为农业生产专业化和社会化的一个重要内容。

三、建立健全农村社会化服务体系面临的问题

（一）服务的非商品性

政府经济技术部门对农业生产的服务，集体经济组织的内部服务，或是民间各种合作性质的服务，由于多年受传统的影响，很少视同商品实行等价交换，大都是作为扶持性或互助性福利，无偿或低价提供给农户。这就限制了农村社会化服务的商品化进程。

（二）服务内容的单一性和服务组织的分散性

就全国大多数地区来看，目前农业生产服务只是限于统一提供良种和栽培技术、统一灌溉等少数几个项目，内容单一，还远远不能满足农民在产前、产中、产后各个环节对服务的多种需求。由于部门分割严重，来自政府的技术、物资、基金、供销等方面的服务都是沿着各自独立的系统脉络与农户发生关系，各自为政，互不配套，影响了整体效益。

（三）集体经济实力薄弱，组织不健全

目前的集体性统一服务，只是从提留和收取的服务费用中获取少量资金，很难形成有效的服务手段与服务范围。目前尚有许多村村级经济处于“空架”状态，集体缺少一定生产积累，加上集体经济组织不健全，使农村社会化服务不可能有效地承担其职能。

（四）国家对各种服务组织兴办经济实体和开展相应的市场性经营活动还缺少必要的扶持政策

农业服务组织为农业生产提供各项服务，它既不能得到足够的财政支持，又不可能过高调整收费标准而获得应有的收益，通过兴办经济实体和开展经营活动，但又遇到了资金、税收和经营权限等方面的多种政策性的障碍。

四、建立健全农业社会化服务体系的对策

建立健全农业社会化服务体系，要充分调动多方面的积极性，逐步形成以乡、村集体经济组织、国家经济技术部门、农村专业技术协会等民办服务组织相结合的服务网络，确保为农村经济的发展提供有效的系列化服务。

（一）转变政府职能，发挥政府的主导作用

各级政府要充分认识构建农村社会化服务体系的重要作用，进一步转变政府职能，按照市场经济规律，引导农村社会化服务体系建设的健康发展。

1. 要加强指导。研究制定扶持农村社会化服务体系的财政、金融等方面的政策，科学制定宏观调控政策，引导农村社会化服务体系有序发展。

2. 强化政府的公益性服务职能，完善各类服务。对提供农民迫切需要的公益性服务机构，要逐步理顺服务体制，在经费和人员上予以保证。

3. 发挥好政府的综合服务和协调职能。重点是协调解决好项目审批、工商登记、征用土地、税收等方面的问题，保证农村社会化服务体系的健康发展。

（二）进一步发展民间农村社会化服务组织，拓展服务领域

通过组建农村专业技术协会，把农村各类人才、技术能手、能工巧匠联合起来，以科研院所、农技推广机构为后盾，采用灵活多样的形式普及科学技术、推广适用技术、推进专业化生产。

1. 专业协会与农户结合。以乡村经济、技术服务实体为依托，以农村专业技术人员、乡土人才、能工巧匠为骨干，开展技术交流、信息传递、资金融通、统一销售等协作服务，引导农民发展特色产业。

2. 股份合作制。引导农民把资金、土地、机械设备、技术、劳动力等资源的使用权入股，通过农户联合，使一家一户难以办成的事情由合作组织解决。

3. 专业大户与农户结合。鼓励农村专业大户，以自己的生产经营为基础，同时与当地农户结合起来，从事农副产品的生产、加工、经营活动，转变长期以来农副产品产销经营的无序、松散状态。

（三）加强农村信息基础设施建设，解决农业信息“瓶颈”问题

建立农业信息市场，加快县、乡一级信息市场的建设，加强农业数据库的建设，重点建设农业批发市场行情、农业科技成果、农村综合信息、科技人才、农业资源、农业企业、农业政策、项目开发、招商引资，以及气象、水文、抗旱防汛等数据库，开发特色产品的多媒体系统。加强信息资源建设，围绕农村信息需求多样化的实际，切实加强信息采集和分类整理；深入进行信息分析、加工工作；系统地对信息筛选归类，及时发布符合农民需求的信息资源。

（四）深化乡镇农村社会化服务体系改革

应抓住县乡综合改革的机遇，进一步转变乡镇政府职能，乡镇工作的重点应转移到行政管理、发展公益事业和强化服务方面，尤其是在维护市场公平竞争、防灾减灾、生态环境建设、粮食安全、信息发布、农产品质量标准与检验检测、提高农民综合素质等方面有所作为，增强服务“三农”的能力。县乡综合改革试点地区所设立的服务中心要扩大服务范围，提升技术服务实力，为服务中心向市场化运作打下基础。进一步明确乡镇农业服务中心的职能定位，科学配置各种农村科技资源，提高农业科技推广机构与组织的服务设施和服务水平。

（五）大力加强农村市场体系建设

加快建设一批设施先进、功能完善、交易规范的农产品批发市场，同时改造现有农产品批发市场，逐步完善农村市场体系建设，采取经纪人代理、农产品拍卖、网上交易等方式，增强交易功能。切实落实农产品运输绿色通道政策，改善农民进城销售农产品的市场环境，从而形成布局合理、设施先进、功能完备、运行规范、竞争有序的现代农产品流通网络，构建农户、生产基地、批发市场、配送中心、连锁超市紧密联结的流通链条。

（六）建立规范和引导各类金融机构服务于农村的法定融资服务机制

通过制定相应的政策或立法来积极引导信贷资金和其他社会资金向农村有效流动。农村贷款规模要与农业和农村经济的增长挂钩，所占比例要与农业增加值占 GDP 的比重相适应；明确国有商业银行县及县以下机构在农村吸收资金用于县域的比例。要完善农业融资、保险政策，以农村信用社为重点，充分发挥各类金融、保险机构的作用，努力形成商业金融、合作金融、政策性金融和小额贷款组织互为补充、功能齐备的农村金融体系，引导金融机构增加对“三农”的信贷投放，为农户进行农业生产提供良好的金融服务。

（七）稳定国家农业服务机构与队伍，拓宽服务领域

各级农业（林业、水利）技术推广机构是农业社会化服务体系的重要组成部分，应充分发挥其经济、技术上的优势，实行技物结合，不断扩大服务范围，向产前、产后服务延伸。县和乡镇的农业、林业、畜牧、渔业、水利等技术推广机构是国家在基层的农业事业单位，是农业社会化服务的依托力量。它不仅在良种繁育、技术推广，疾病防治、示范培训、改善经营管理等方面发挥着重要作用，而且在不同程度上承担着政府对农业实施指导管理、宏观调控的重要职能。

五、农业生产社会化服务组织的发展趋势

农业生产社会化服务组织，不断从农业中分离出来。虽然各地区间服务组织的发展程度不同，但有其共同的发展趋势。

（一）合作经营的社会化服务组织将发展成为主要形式

以商品生产为特征的专业户大批涌现，以及资金、技术、劳动力的自由流动，对经济联合起了催化剂的作用。现阶段农村出现的多种联合和合作形式，以户与户之间自愿联办的新经济联合体发展最快。

（二）社会化服务向不同层次的服务中心发展

在农业商品生产和流通的规模扩大之后，将从以乡、村为单位的自我服务，发展为集镇、县、经济区、省等多层次的服务中心。服务中心与分散的服务组织建立横向联系，形成服务网络，与同行业的各种服务组织建立纵向联系，形成专业服务中心。服务中心既为农户服务，又为各种服务组织和服务性专业户服务，协调各服务组织之间的关系，如帮助沟通渠道，提供信息；供应开展服务需要的器材、物资，牵线搭桥，帮助承揽服务性业务，开展科技咨询；技术培训等。服务中心的种类有以下几种：

1. 农业信息服务中心

在当今时代，从某种意义上说，信息已成为一种新的资源和无形的财富。由于我国农业信息传递，还是各个经济组织自发的“孤军作战”，由县、乡企业向大中城市派驻联络员。已经出现的民办或联办“信息服务公司”，取得的信息面窄，准确性、及时性差，服务的范围小，力量单薄，耗费资金多。迫切需要建立全国和省或几个主要地区、县的多层次的农业信息中心。

信息中心将由国家有关部门联合建设和由民间集资建设结合进行。由政府有关部门联合办的“中心”，以搜集宏观的农业经济信息为主，民办的以搜集微观的农业经济信息为主。通过国家农业信息中心与民办的信息组织和有代表性的交易市场的信息点连接，形成全国信息网络。如此一来，必将改变原始的信息传递方式，部分采用电脑与全国的信息中心联系，把搜集的信息输入“中心”，“中心”经过分析处理后再向用户发布，从而大大提高信息的传递速度和质量。

2. 农产品贸易中心

随着专业户经营规模扩大，商品量增加，仅仅以零星的互通有无、调剂余缺的集市贸易形式，已不能适应大批量商品流通的需要。进入市场的农产品增多，长途贩运者也随之增多。大批量农产品要从产地运往销地，从农村运往城市，需要在大中城市、农产品集散地，建立不同规模、不同层次的“农产品贸易中心”（包括贸易货栈、批发市场、零售市场等），为各地购销单位及基层商业组织、长途贩运者提供商品交易场所，从而发展多方面的服务职能，开展代信、代销、代储、代运及检验、分级、加工、包装等服务；组织产销直接见面和直接收购。贸易中心，把参加交易的剩市、短腿、量少的商品收购下来，再推转出去，为购销人员排忧解难。

3. 农业科技推广服务中心

农业科技成果的推广和新技术的运用，在农业生产中的作用日益为广大群众所认识。农户有强烈地向科学技术要高产、要优质、要效益的约束。要建立“农业技术服务中心”，发挥农业系统的整体功能。全国已有的农技推广服务中心，由只为种养业提供技术服务发展到为林业、水产业提供技术服务，从只为农作物和畜牧业提供技术服务发展到为多种经营服务，从只为生产提供技术服务扩大到为经营管理服务，形成门类齐全、专业配套的技术推广服务中心。“中心”以试验、示范，培训、推广“三结合”的方式推广农业技术。乡、村依靠农民自办的农技服务站为主，国家在业务、技术和培训上给予指导和帮助。

（三）农业生产服务环节将向服务体系发展

农业专业化与社会化服务是辩证统一的关系，当这种相互依存、相互促进的关系发展到一定程度时，就必然向服务体系发展，服务体系中每一个阶段既是上一个阶段的继续，又是下一个阶段的开始。每个阶段都在完成着对上一阶段的检验职能，以便从相互联结的关系上，迅速取得反馈的信息，调整相互间的关系，以保证各部门、各环节在农业最终产品生产方面，能够协同动作，实行田间作业机械化，解决分户购置投资大，机器设备利用率低，成本高，技术难掌握等问题。加工、贮藏、运输、销售社会化服务组织，将改变农业基础设施差和农业只生产初级产品的状况。

第四章　农业承包合同管理

第一节　农业承包合同概念、特征及法律效力

一、农业承包合同概念及特征

（一）农业承包合同的概念

农业承包合同是指在实行农业家庭承包经营过程中，农村集体经济组织与其内部成员及其他承包者签订的明确双方在生产、经营、分配过程中权利、义务关系的书面协议。

一般可按承包项目划分为耕地、果（茶、桑）园、林木、水面、草原、荒地、农业机械、水利设施等承包合同。农业承包合同一经签订，即具有法律约束力，农村承包经营户的合法权益受法律保护。

一般讲规范的农业承包合同同时应具备以下三个条件：

1. 标的必须是集体所有或者国家所有但依法确定给集体长期使用的土地等生产资料；

2. 合同双方是指农村集体经济组织与其内部成员或其他承包者；

3. 合同双方表现为承包关系。

（二）农业承包合同的特征

农业承包合同的特征表现在以下几方面：

1. 合同标的不可移性

农业承包合同的标的是集体所有或者国家所有但依法确定给集体长期使用的土地等生产资料都是固定的、不可移动的，农业承包合同的标的具有不可变性。

2. 合同主体的双重性

合同双方虽有组织与成员的关系，但在合同签订后直到合同终止的合同履行期间，在涉及合同内容时，双方的地位是平等的。也就是说承包合同双方当事人存在双重身份和关系。即在履行承包合同规定的权利义务关系上，法律地位平等，而在组织关系上，双方表现为组织与成员、管理与被管理的关系。

3. 承包行为的复杂性

表现在既要符合自然再生产的特征，又要遵循经济再生产的规律；既要发挥分散经营的长处，又要体现统一经营的优势，实现统与分的有机结合；既要遵守有关政策法规和集体经济组织全体成员的民主决定，又要引入竞争机制，追求利益的最大化，实现公平与效率的统一；既要体现承包项目自身的合理性，又要考虑组织内不同产业和行业收益的平衡性。

4. 承包经营的连续性

这是农业生产的内在要求，因为农业生产是自然在生产和社会再生的有机统一，又是一个循环往复的不间断过程；这也是为防止粗放经营、掠夺经营等短期行为发生的迫切要求。

5. 承包目的利益的一致性

包双方的目的都是为了农业生产的稳定增长和产出最大化以及农民收入的增长。在利益上由于承包方上缴集体的承包金要用于集体生产与福利，作为集体成员的承包方均可享受，体现了利益共享性。

二、农业承包合同与一般的经济合同区别

农业承包合同与一般的经济合同如财产租赁合同等有着明显的区别，表现为以下几方面：

（一）双方的关系不同

出租人对承租人的经营状况概不负责，租金则完全由出租人自享；承包人只是一个相对独立的商品生产者，承包金则由包括承包人在内的本经济组织全体成员共享。

（二）权利让与的程度不同

出租人只对租金和财产的完整无损有要求，承租人有较充分的经营自主权；发包人不仅对承包物的使用方向、使用方式有要求，而且对于利用率和产生率都有要求，如承包人不得荒芜土地、粗放经营等，承包人经营自主权远没有承租人充分。

（三）出租人和承租人的经济关系完全基于市场法则

而发包人与承包人双方的经济关系则取决于集体经济组织内部的积累制度和分配原则，带有福利性质。集体经济发达的地方，承包人可以免交承包金，有的甚至不仅免交承包金，而且承包人还可以从集体那里领到一笔补贴。

三、农业承包合同的法律约束力

签订和履行合同是一种民事法律行为，这种法律行为具有法律约束力。农业承包合同与一般合同一样具有法律约束力，受法律保护。

（一）承包合同双方当事人法律地位平等

双方当事人都具有经济法律关系主体资格。作为发包方的乡村集体经济组织是法人，作为承包方目前虽未取得法人资格，但在承包经营上基本按法人对待；

在就承包经营事项协商时，一方意志不得强加于另一方；

双方当事人具有平等的诉讼权利。

（二）合同一经签订即具有法律约束力

1. 任何一方当事人不得擅自变更和解除合同；

2. 任何单位和个人不得强迫合同当事人变更和解除合同。

（三）合同当事人的权利受到法律保护，义务受法律约束

发包方的权利受法律保护，同时它是承包方的义务，受法律约束。主要内容包括：对标的的所有权；按合同规定收取承包金；对发包资产的监督管理权等。

承包方的权利受法律保护，但它同时又是发包方的义务，受法律约束。主要内容包括：经营自主权；收益权；产品处理权；合同或法律规定的转包和转让权；优先承包权；继承权；接受发包方服务等权利。

（四）合同履行期间，可以依法变更或解除合同

主客观情况发生变化，任何一方当事人均可依据合同规定和法律程序，提出变更或解除合同的要求，经双方协商或者主管机关、人民法院调解，变更或解除合同。这依然体现合同的严肃性和法律效力。

（五）任何主观过错导致的违约行为，都要承担法律责任；发生纠纷要依法律程序解决。

第二节　农业承包合同管理

国家规定的行政管理机构按照国家的授权范围，根据法律、政策的要求，运用指导、组织、监督检查等行政手段，促使农业承包合同当事人依法签订、履行、变更、解除农业承包合同和承担违约责任，制止和查处利用农业承包合同的违法活动，称为农业承包合同管理。

一、农业承包合同管理机关及主要职责

县级以上农业行政主管部门是本行政区域内的农业承包合同管理机构；乡（镇）人民政府主管本乡（镇）的农业承包合同管理工作，日常管理工作由农村经济经营管理部门负责。

县级以上农业承包合同管理机构的职责为以下几点：宣传、贯彻有关农业的法律、法规和国家有关规定；指导合同的签订、变更和解除；检查监督合同的履行；培训合同管理人员，保管有关资料。

乡（镇）合同管理部门除履行前款四项职责外，还应负责合同的鉴证和合同纠纷的调解。第七条规定：县（市、区）、乡（镇）农业承包合同仲裁委员会（以下简称仲裁委员会），负责本行政区域内农业承包合同纠纷的调解和仲裁。

二、农业承包合同的签订

合同的签订是指合同双方当事人，经过协商，就合同主要条款达成一致意见后，按一定程序办理手续。合同的签订是合同履行与兑现的依据。

（一）签订农业承包合同要依原则行事

坚持以下原则：

1. 必须符合国家的法律、法规和政策；

2. 兼顾国家、集体和个人三者利益；

3. 符合乡村集体经济组织章程，遵守集体经济组织成员大会或者成员代表大会的决议；

4. 维护农民的合法权益；

5. 有利于农村基本政策和基本经营制度的稳定和完善。

（二）农业承包合同条款

农业承包合同条款主要是指合同双方协商约定的事项，用书面形式，

全面、具体、明确地加以肯定，以便双方共同履行。目前，一些地方由于合同内容不全面，条款不清楚，手续不完善，致使合同双方责、权、利不明确，造成大量合同纠纷。为了减少这些纠纷，便于兑现合同，应该努力做到合同内容齐全，手续完备。农业承包合同应具有以下主要条款：合同的名称，发包方、承包方的名称，发包方的法定代表人和承包人或者承包方的法定代表人的姓名、住所；承包项目的名称、数量、质量和坐落（位置）；承包的期限和起止日期；承包标的的用途；发包方和承包方的权利和义务；承包费的数额和缴纳方式；违约责任；解决争议的方式；双方当事人认为必须约定的其他条款。

双方就承包合同基本内容或主要条款达成书面协议后，经双方当事人（或代表）签名盖章，并加盖发包方公章，合同就依法成立，具有法律约束力，双方都应认真履行，任何单位和个人（包括乡村干部）都无权擅自变更或解除农业承包合同。在履行承包合同内容中，双方的地位是平等的。合同一方或双方有要求的，可到农业承包合同管理机关办理鉴证手续。农业承包合同一般应一式三份，甲乙双方各一份，乡（镇）合同管理机关一份，三份合同具有同等效力。

三、合同鉴证

（一）合同鉴证的含义

合同鉴证是指合同主管机关，根据当事人的要求，对合同的合法性、真实性、可行性进行审核和证明的一项制度。合同鉴证是合同管理工作的一项重要内容。合法性指合同的内容是否符合国家的法律和政策；真实性指双方当事人是否有主体资格，合同标的是否准确，双方意思表达是否真实；可行性指双方当事人有无履约能力，合同指标是否合理等。只有符合上述三个基本条件，合同主管机关才可予以证明。

（二）合同鉴证应遵循的原则

1. 自愿原则

合同鉴证是应一方或者双方当事人的要求，到合同主管机关办理鉴证，不能强迫当事人鉴证，合同的法律约束力不取决于鉴证与否。但某些专业性较强的承包合同，必须经过鉴证才具有法律效力的除外。

2. 便民原则

合同由乡（镇）级承包合同主管机关就近进行鉴证较为适宜。进行合同鉴证，以服务为宗旨，不以赢利为目的，收费要适当。

3. 公正原则

要把合同双方当事人摆到平等的地位上秉公执法，对不真实、不合法、不可行的合同一律不予鉴证。

（三）承包合同鉴证的程序

由合同当事人提出鉴证申请，并提供合同文本及有关资料；

由乡（镇）级承包合同主管机关对合同文本和有关资料进行审查，询问当事人，并进行实地勘察；

合同主管机关对符合鉴证条件和要求的合同出具鉴证证明，并按规定收取鉴证费；

合同鉴证后，马上整理归档。

四、无效合同的管理

无效合同的管理主要包括：无效合同的界定、无效合同的处理等内容。

（一）形成合同无效的原因

1. 当事人不合法；

2. 合同内容不合理或不合法；

3. 合同代理无效。

（二）无效合同的界定

承包合同是否有效应由农业承包合同管理机关或人民法院认定，其他任何单位和个人对无效合同都没有确认权。

作为承包合同管理机关应尽最大努力在合同履行前发现并及时处理无效合同，这就要求主管机关在指导合同签订和进行合同鉴证等工作中，严格把握政策，严肃认真审核，把问题解决在初始阶段，把损失降到最低点。

无效合同就是从合同订立时起，就不具有法律约束力或者说不受法律保护的合同。根据有关法律法规的规定和农业承包合同，有下列情况之一的，应确定为无效承包合同：

1. 违反国家法律、法规和政策的；

2. 损害国家、集体或者他人利益的；

3. 违反农业集体经济组织章程、农业集体经济组织成员大会或者成员代表大会决议的；

4. 发包方无权发包的；

5. 滥用权力或者采取欺诈、胁迫等不正当手段订立的。

（三）无效合同的处理

农业承包合同被确认无效后。

尚未开始履行的，不得履行，发包方依据无效合同预先取得的承包金或者集体提留，应当退给承包方。承包方依据无效合同占有、使用的承包物，应当退给发包方；

正在履行的，按照有利生产、减少损失的原则，由无效合同的确认机关确定停止履行的时间；

确认合同部分无效的，如不影响其余部分的效力，其余部分仍然有效；

合同双方，一方有过错，应当赔偿对方遭受的经济损失；双方都有过错，则各自承担相应的责任。

五、农业承包合同的变更或解除

（一）农业承包合同的变更或解除的条件

在合同履行过程中，由于当事人一方或双方的情况或客观情况有变，符合下列情况之一的，可以变更或解除合同，但要依法办理。

1. 双方当事人协商一致，且不损害国家、集体利益和他人合法权益的；

2. 订立承包合同依据的国家法律、法规和政策发生重大变化，致使承包合同无法履行的；

3. 承包的土地被依法征用和占用的；

4. 由于自然灾害等不可抗力原因，致使承包合同部分或者全部无法履行的；

5. 一方当事人严重违反承包合同，致使承包合同部分或者全部无法履行的；

6. 承包方丧失劳动或经营能力，无法完成承包合同规定的义务的。

（二）**变更或解除合同的原则**

在合同履行过程中要坚持变更或解除合同不能违法，坚持以下原则：

1. 单方面变更或解除合同，是违约行为；

2. 因变更或解除合同给一方造成经济损失的，由有过错的一方给予补偿；

3. 合同当事人的合并或分立不是变更合同的条件；

4. 法人代表或承办人变动是合同变更和解除的条件。

（三）**合同变更和解除的基本程序**

1. 当事人一方要求变更或者解除合同的，应及时通知对方。对方应当在接到通知之日起的规定日期内予以答复，除非当事人双方另有约定，否则无正当理由逾期不予答复者，视同默认；

2. 当事人双方就变更或者解除合同事项，经协商达成协议后，应当在协议书上签字并加盖发包方公章，报乡（镇）农业承包合同管理机关备案；

3. 数量较大、涉及面广的承包合同的变更或者解除，须经村民大会或者代表大会讨论决定；

4. 因国家有关政策的变化或不可抗力的影响，变更或者解除合同的，须取得该项业务的行政主管部门的证明。

（四）变更和解除合同的责任处理

合同的变更和解除，意味着承担义务的一方当事人将不再按原合同的规定履行义务，享有权利的一方将失去合同规定的部分，以至全部的权利。为了维护当事人的合法权益与承包合同的严肃性，必须慎重处理。

1. 能够采取变更合同措施解决问题的，就不要采取解除合同的措施，以保持承包经营的稳定性；

2. 变更或者解除合同的条件和要求，应当由双方当事人协商，达成一致协议，如不能协商一致，可由农业承包合同管理机关调节和处理；

3. 因变更和解除合同造成的经济损失，应当由责任方承担责任。

六、违约责任

违约责任是指农业承包合同当事人一方或者双方，对没有履行或者没有完全履行合同规定的义务所产生的后果要承担责任。违约责任是一种经济责任，因一方当事人的过错，造成合同不能履行或者不能完全履行的，由过错方承担违约责任；双方都有过错的，由双方分别承担相应的违约责任。对违约者进行处罚，一方面是对守约方经济损失的补偿；另一方面是对违约行为的制裁。

（一）违约责任的成立

符合下面条件视为违约责任成立：

1. 当事人有不履行合同义务的行为；

2. 当事人的违约行为是由主观过错造成的；

3. 当事人的违约行为给对方造成了实际的损失；

4 违约行为与损失事实有直接因果关系。

（二）处理违约责任的原则

坚持以下原则：

1. 过错责任原则

由主观过错导致的违约行为，要承担责任；由不可抗力或不可预见的客观原因导致的违约行为，一般不承担责任。

2. 赔偿损失原则

过错违约给对方造成经济损失的，其当事人要赔偿对方的经济损失。

3. 强制惩罚原则

不以是否发生经济损失为条件，一般由合同当事人自己约定，只要违约，就按约定处罚。

4. 实际履行原则

一方当事人违约予以处罚后，如果对方提出继续履行合同，合同仍要继续履行，不能以处罚代替合同履行。

（三）发包方需承担的违约责任

发包方违约，应当按合同的规定支付违约金和赔偿金。

有下列情况之一，就视为发包方违约：

1. 不按承包合同规定的时间、数量和质量提供承包标的的；

2. 不按承包合同规定的时间、数量和质量以及收费标准提供各种服务的；

3. 非法干预承包方正常生产经营，造成经济损失的；

4. 擅自变更或者解除合同以及擅自撕毁合同的；

5. 有其他违约行为的。

（四）承包方需承担的违约责任

承包方有下列情形之一的，应当按承包合同规定支付违约金和赔偿金；情节严重的，由发包方提出，经承包合同管理机关裁定或者人民法院判决，收回承包方所承包的标的。

1. 出卖承包标的或者擅自改做非农用途的；

2. 对承包标的进行掠夺性、破坏性经营或者弃耕撂荒旳；

3. 对承包生产设备、设施、机具等，使用不当，管理不善，造成严重损坏或者丢失的；

4. 没有正当理由，拒不缴纳合同规定的承包金或者集体提留和国家税金，不完成劳动积累工和义务工的；

5. 有其他违约行为的。

七、农业承包合同纠纷

（一）引发农业承包合同纠纷的原因

从农村实际情况看，引发纠纷的原因大致有两类，即主观原因和客观原因。

1. 引发纠纷的主观原因

（1）发包不民主导致的仗权承包、垄断承包和压价承包。

（2）少数干部以权代法、以言代法，随意侵权甚至撕毁合同。

（3）上级有关部门或者领导的强迫命令、非法干预决策失误。

（4）少数人犯“红眼病”，煽动群众破坏承包者的正常生产秩序，哄抢果实，以至侵犯人身权利。

（5）发包方随意修改合同指标，大幅度提高承包金。

（6）承包指标不合理，显失公平，影响大多数群众的利益。

（7）承包方无故不缴纳或者延迟缴纳承包金，不完成合同规定的其他义务。

（8）合同条款不清楚，内容不具体，手续不完备。

2. 引发纠纷的客观原因

（1）自然灾害等不可抗力。

（2）土地被征用。

（3）国家的价格、税收、购销等政策发生较大变化。

（4）市场经济发育过程中出现的新情况、新问题，使经营者显出不适应。

（二）农业承包合同纠纷的特点

1. 时间的紧迫性

农业是有生命的动植物生产，有较强的连续性和季节性，如发生纠纷得不到及时处理，将贻误农时，影响生产以至绝收。

2. 关系的复杂性

承包合同纠纷一般不仅仅只是双方当事人的关系，而且影响以至直接牵涉集体与成员、承包者与非承包者、发包方与其他承包者的关系，有的还掺杂着错综复杂的亲缘、家族关系。

3. 矛盾的尖锐性

承包经营，特别是果园、水面、林木、荒地、企业等的承包，其纠纷多数都是因承包者与非承包者的收益过于悬殊引起的，处理难度较大，矛盾容易激化。

4. 情况的多变性

许多合同在签订时是合法、合理、合情的，且一定若干年不变。但在履行过程中，遇到的政策和情况变化太大，由此往往影响到双方的权利义务关系。

5. 认识的片面性

承包合同的发包方是集体，承包方多是农户。发包方认为自己是组织，承包方是个人，因此，发包方随意修改合同指标和撕毁合同的现象大量发生。

（三）农业承包合同纠纷的处理

由于农业生产的季节性特点所决定的，农业承包合同的处理应该及时、有效。农业承包合同管理机关处理合同纠纷案件，应当在查清事实、分清责任的基础上，根据国家的法律、法规和政策的规定，先进行调解，调解不成的，进行仲裁。

1. 农业承包合同纠纷的处理要把握的总体原则

（1）调解为主、仲裁为辅的原则；

（2）行政解决在先、司法参与为后的原则；

（3）当事人法律地位平等的原则；

（4）在纠纷复杂难以一时处理好时，坚持先恢复生产，逐步处理纠纷的原则。

2. 合同纠纷调解

合同发生纠纷后，双方当事人不能或难以自行协商解决的，合同管理部门可根据当事人的申请，通过说服教育的办法，使双方当事人明辨是非，消除分歧，自愿达成新的协议，这种方法不经仲裁，不经审判，不用强制，是在自愿的基础上解决纠纷，符合广大农民的愿望，也是目前解绝大部分农业承包合同纠纷的主要手段。

在调解时，遵循以下原则：

（1）自愿原则。调解在双方自愿的基础上进行，任何一方不同意调解，不能强迫调解。调解时，双方充分发表意见、充分协商，在双方互相谅解的情况下使纠纷得到解决。

（2）合法原则。农业承包合同依法成立，就具有法律约束力。因此，调解承包合同纠纷不得违背法律、法规、政策，不得损害公共利益和他人利益，并且要依法达成调解协议。

调解解决及程序如下。

第一步：当事人申请调解。合同发生纠纷后，当事人双方协商不成，当事人一方或者双方要求承包合同主管机关调解的，应提交申请书，并附上证据材料。

第二步：主管机关接受申请。农业承包合同主管机关接到调解申请书后，经审查认为可以受理的，便可将双方共同提交的申请书送达双方当事人，约定调解时间和地点；如果是一方提交的申请书，则将申请书送达另一方，待对方同意调解后，约定调解时间和地点。

第三步：进行调解。双方当事人或其代理人，按约定的时间和地点到齐后，承包合同主管机关指派合同管理或仲裁人员，先听取双方陈述情况、理由和要求，然后进行调解。调解达成协议的，制作调解书，双方签字，并加盖调解机关公章。调解书一经送达，当事人双方必须履行。调解没有达成协议的，经双方当事人同意，可以向承包合同纠纷仲裁委员会申请仲裁，或者向人民法院起诉。

3. 合同纠纷的仲裁

合同发生纠纷后，协商不成，调解也不能达成协议，根据当事人一方的申请，由承包合同管理机关裁决处理。裁决后，由合同管理机关写出仲裁决定书。当事人对仲裁不服的，可在接到仲裁决定书之日起 30 天内，向人民法院起诉；期满不起诉者，仲裁决定书即生效。这种方法，既不同于调解，也不同于法院的判决，它是对合同纠纷进行法律性质解决的一种行政措施。既有自愿的一面，也有强制的一面。

农业承包合同仲裁遵循以下原则：坚持先调解，后仲裁的原则；坚持以事实为依据，法律为准绳的原则；坚持当事人双方在适用法律上一律平等的原则。

承包合同当事人发生纠纷，协商解决不了或者合同管理机关调解无效的，可以向承包合同纠纷仲裁委员会申请仲裁，也可以直接申请仲裁。

仲裁解决及程序如下。

第一步：当事人提出仲裁申请。承包合同一方当事人的权利受到侵害，可在应该知道被侵权后 1 年内，向所在地的乡（镇）或县级农业承包合同仲裁机关提出仲裁申请。申请书的主要内容是：申诉人的单位、地址、法定代表人或代理人姓名、职务；被诉人的单位、地址、法定代表人或代理人姓名、职务；申诉事实、理由及要求，并提供证据或者证人；附承包合同副本及相关材料。

第二步：接受仲裁申请。承包合同仲裁机关接到仲裁申请后，要审核仲裁申请，认为符合仲裁条件的，应当受理；不予受理的，要尽快通知申诉人。

第三步：做好仲裁前的准备工作。决定受理仲裁后，由仲裁委员会指定仲裁员组成仲裁庭；在规定时间内，将申诉书副本送达被诉人，并通知其在接到申诉书之日起 15 日内提交答辩和相关证据，提交法定代表人证明或其代理人的证明及委托代理书；审查被诉人的答辩和有关证明；调查取证，搞清纠纷发生的时间、地点、原因、经过和争执焦点；熟悉或者查询与处理案件有关的法律、法规和政策等。

第四步：开庭审理。

第五步：裁决的执行。由于各地的规定不同，裁决的执行有多种情况，但归纳起来主要有两种：

一种是或裁或审。就是指当事人要选择用仲裁的方式解决合同纠纷，就不能向人民法院起诉，若向人民法院起诉，仲裁机关就不再受理。这种情况下，规定仲裁是一裁终局的，仲裁决定书一经成立，即具有法律效力，当事人必须按期履行；规定是两裁终局的，在仲裁决定书成立后，若当事人不服仲裁决定，可在接到仲裁决定书之日起，在规定的期限（一般为 15 ~ 30 日）内向上一级仲裁机关申请复议，仲裁复议为终局仲裁，仲裁复议决定书具有法律效力，当事人必须按期履行。逾期不申请复议或不起诉的，仲裁决定书即具有法律效力，当事人必须在规定的期限内履行。

一种是既裁既审。既裁既审就是指在仲裁结束后，当事人不服仲裁决定或仲裁复议决定的，可在规定时间内向人民法院起诉。同样，逾期不申请复议或不起诉的，仲裁决定书即具有法律效力，当事人必须在规定的期限内履行。

当事人对送达的调解书或者已具有法律效力的仲裁决定书逾期不执行的，另一方可以申请人民法院强制执行。

4. 司法解决

承包合同纠纷发生后，当事人也可以不经过以上程序，直接向人民法院提起诉讼。

第五章　农村科学技术管理

第一节　农村科学技术的概念、现状与作用

一、农村科学技术的概念与内涵

农村科学技术有广义和狭义之分。广义的农村科学技术是指农村生产生活所涉及的科学和技术的总称，是农村中人们在生产生活中所遇到和所应用的科学和技术的总和；而狭义的农村科学技术，是作为农村生产要素的科学技术，是农村生产经营活动中的科学和技术的总称。

科学和技术是两个有联系但又不相同的概念。科学是指人类所积累的反映现实世界各种现象的客观规律的知识体系，是运用范畴、定理、定律等思维形式反映现实世界各种现象的本质规律的知识体系；而技术是人类为实现社会需要创造和发展起来的手段、方法和技能的总和，是人们根据自然科学原理和生产实践经验为某一实际目的而创造和发展起来的手段、方法和技能，包括工艺技巧、劳动经验、实体工具与装备等，也就是整个社会的技术人才、技术设备和技术资料等。

二、我国农村科学技术的现状

（一）农村科学技术人员匮乏

我国农村科学技术人员，除从事上级指令性计划安排的农业技术推广项目外，真正工作在农村生产第一线的非常稀少。此外，随着农村产业结构的不断调整，传统产业的升级换代和新产业的产生与发展对农村科学技术人员的需求越来越广泛，而且越来越迫切，农村科学技术人员匮乏的矛盾越来越突出。

（二）农村科学技术创新比较薄弱

就农村的主体产业—农业来说，其科学技术创新比较薄弱的表现：一是农作物品种和新技术更新换代较慢，有些农作物品种已经严重退化、产量和品质都不如引种之初，需要尽快更新换代。二是新品种、新技术缺乏明显优势，有的农作物品种，尽管口感较好，但外观特征不诱人，卖不上好价钱；有的品种，虽然质优价高，但产量又无优势。三是新品种、新技术覆盖面狭窄且严重滞后，多数新品种、新技术缺乏多样性和特色性，在科技进步上缺乏明显的超前性。而对于农村其他产业，科学技术创新就更为薄弱，生产设备和手段落后，产品技术含量低，企业发展缺乏后劲。

（三）农村科学技术推广应用难度较大

我国农村劳动力素质普遍偏低，加上近年来农村劳动力向城市的大规模转移，致使在农村产业就业的劳动力素质问题就更为突出。由于农村产业的劳动者素质偏低，其吸纳科学技术的能力就差，因而作为生产要素的科学技术在农村经济发展中的推广应用就十分困难。

（四）农村科学技术投入不足

农村产业的发展需要依靠科技进步，而科技进步就需要不断推出科学技术项目。每个科学技术项目的实施，都要经过信息筛选跟踪，技术（品种）引进，试验示范，直至推广普及等整个过程，其需要大量人、财、物的投入。这些投入由农民或农村经济组织承担都比较困难，必须由各级政府加大投入来予以支持。目前的情况是政府财政资金中的科学技术投入，特别是科学技术创新投入，就很少能到农村基层。而投向农村比重较大的农业技术推广经费，因使用分散，也很难发挥其最大效用。

三、农村科学技术的作用

（一）推动农村生产力发展

现代科学技术的飞速发展并向现实生产力的迅速转化，改变了生产力中的劳动者、劳动工具、劳动对象和管理水平。科学技术为劳动者所掌握，极大地提高了人们认识自然、改造自然和保护自然的能力，提高了生产劳动能力。在生产力系统中，科学技术已经成为推动生产力发展的关键性要素和主导性的要素。

（二）促进其他生产要素的节约使用和“催化”其他生产要素充分发挥作用

现代社会随着知识经济时代的到来，科学技术、智力资源日益成为经济发展的决定性要素，其主要是通过科学技术促进其他生产要素的节约使用和“催化”其他生产要素充分发挥作用，从而使经济发展主要靠的是科学的力量、技术的力量。因此，科学技术已成为农村经济发展的第一要素。

（三）引导农村经济实现跨越式发展

当前，科学技术越来越走在社会生产的前面，开辟着生产发展的新领域，引导生产力发展的方向。因此，要重视科学技术对农村经济发展的先导性影响，敏锐捕捉科学技术促进产业发展的新动向，强化农村经济发展的预见性，推动农村经济实现跨越式发展。

第二节　组织好农业技术推广

一、农业技术推广的概念与作用

农业技术推广是指通过试验、示范、培训、指导，以及咨询服务等，把农业技术广泛应用于农业产前、产中和产后全过程的活动。农业技术推广对于建设现代农业、促进农民增收、加快农村发展，以至于统筹城乡经济社会发展等都具有十分重要的作用。

（一）农业技术推广对于农业增产、农民增收具有重要意义。

在我国耕地面积增长潜力极其有限，甚至在逐年减少的情况下，我国粮食等农作物产量的增加将主要依靠农业科学技术。

（二）农业技术推广是联系农业科研和农业生产的纽带。

我国的农业科研体制是由科研部门研制先进的农业科技成果，然后由农业技术推广者负责将这些成果推广给负责农业生产的农民。在这种体制下，农业技术推广者充当了中介人的角色，一方面，其将科研机构研制的先进技术推广给农民；另一方面，通过与农民接触了解农民的科技需求，并将农民的需要反映给科研机构。因此，农业技术推广连接着农业技术供需双方，是联系农业科研和农业生产的纽带。

（三）农业技术推广是农业科研成果由潜在生产力转化为现实生产力的重要途径。

科学技术是一种智能性要素，但不是实体性要素，只有将其与劳动者结合、与生产资料结合、与劳动对象结合，才能将它转化为现实的生产力。

（四）农业技术推广是促进农业技术进步，推动农业现代化的重要手段。

农业技术推广使先进的农业技术在农业生产中得以应用，从而不断改善农业生产的手段和装备，同时也使农业生产的经营管理手段不断得以提高，从而不断推动农业现代化的发展。发达国家实现农业现代化的经验证明，没有发达的农业技术推广，就不会有发达的农业，也就不会实现农业现代化。

（五）农业技术推广是提高农民素质的重要手段。

农业技术推广的过程不仅仅是一个简单的技术转移过程，同时也是不断提高农民素质的过程。在推广农业技术的过程中，推广人员通过与农民的接触、交流、沟通，使农民逐步掌握先进的农业技术、信息，并依据这些技术、信息做出生产经营决策。这个过程不仅仅使农民的知识、技能得到提高，也使农民的科学意识和观念得到提高。

二、农业生产中的科学技术

（一）种植业生产中的科学技术

种植业生产中的科学技术，以提高植物产品的品质、产量和效益为目标，主要是在育种、栽培、耕作、土肥、植保、灌溉、设施，以及农业机械化等环节所采用的科学与技术。

（二）林业生产中的科学技术

林业生产中的科学技术，以提高林木覆盖率和林业经济效益为目标，主要是在造林、育林、护林、森林采伐与更新、木材和其他林产品的采集与加工等环节采用的科学技术。

（三）畜牧业生产中的科学技术

畜牧业生产中的科学技术，以提高畜产品的品质、产量和效益为目标，主要是在育种、繁殖、饲喂、防疫、兽医等环节所采用的科学技术。

（四）水产养殖业生产中的科学技术

水产养殖业生产中的科学技术，主要包括育种、繁殖、饲喂、防疫及水资源保护和利用等方面的科学技术。

（五）可持续发展农业生产中的科学技术

可持续发展农业生产中的科学技术，主要包括资源节约型农业科学技术、环境友好型农业科学技术、健康营养功能型农业科学技术等。

（六）农业生产中的高新技术

农业高新技术内涵丰富。从较高层次上可以将农业高新技术概括为三大类，即现代生物技术，现代工程新技术和现代管理高新技术。具体来讲，农业高新技术至少包括以下六个领域：一是农业生物技术，是定向地、有目的地进行农业生物遗传改良和创制的一门高新技术，包括基因技术、细胞技术、酶技术和发酵技术等；二是信息技术在农业上的应用，主要包括农业决策支持系统研制与开发、虚拟农业研究、农业信息网络化技术、农业资源管理与动态监测专家系统研制、专业实用技术信息系统及专家系统（如作物种植、动物养殖、生产决策支持系统）的研制，全国共享的农业经济、资源、科技信息网络等；三是核农业技术或农业辐射技术，是农业高新技术的一个重要领域，不仅为农作物品种改良创造了一个强有力的技术手段，也为农副产品的延贮、保鲜开辟了一条新的有效途径，同时又为解决一些重大农业技术问题提供了新方法；四是设施农业技术，主要指工厂化种植和养殖、计算机农业控制等现代技术设施所装备的专业化生产技术；五是多色农业技术，包括绿色农业技术（指生态农业技术和可持续发展技术）、蓝色农业技术（指水产品生产技术和水体农业技术）和白色农业技术（指食用微生物的生产加工技术）；六是移植、常规技术组装配套，是指工业和国防等其他行业高新技术向农业的移植，以及各种常规农业技术的融合、交叉、渗透，或者组装与高效配置，组成一个有机复合技术群，从而达到整体大于个别之和的效果。

三、农业技术推广的原理

（一）行为改变原理

人的行为是由动机产生的，而动机则是由内在的需求和外来的刺激引起的。因此，要让广大农民自觉自愿并主动地应用农业技术，就要使其产生应用农业技术的动机。要让广大农民产生应用农业技术的动机，可以采取试验、示范、培训、指导，以及咨询服务等措施，消除农民的顾虑，使其对该项农业技术真正产生需求，并辅之以必要的激励措施，改变农民传统的生产经营行为，从而实现让农民应用农业技术的目标。

（二）创新扩散原理

任何创新都有一个扩散过程。这一过程通常表现为以下五个阶段：一是认识阶段，即了解创新、认识创新；二是兴趣阶段，即对创新发生兴趣、产生学习的欲望和行为；三是评价阶段，即与以往类似措施所产生的结果进行比较，并做出好或者不好的判断；四是试用阶段，即对创新进行小范围使用，亲身感受其到底是好还是不好；五是接受或者采用阶段，即对于试用感觉好的创新采取接受的态度，并在生产实践中予以采用。因此，要实现农业技术推广的目的，就要对所要推广的农业技术，用给农民看、带着农民干、帮着农民算，让农民有认识、感兴趣、知合算，实现农民大范围应用农业技术的目的。

（三）科技成果转化原理

科技成果转化，就是对科学研究与技术开发所产生的具有实用价值的科技成果进行的后续试验、开发、应用、推广，形成新产品、新工艺、新材料，以至发展新产业等，以将科技成果变成现实生产力的过程。实际上，农业技术推广的过程就是农业科技成果转化的过程。因此，农业技术推广就是对所要推广的农业技术成果，帮助广大农民做好后续试验、开发、应用、推广等工作，使其获得经济效益、社会效益和生态效益，最终使农民接受和应用这一成果。

四、我国农业技术推广的组织体系

当前，我国的农业技术推广组织体系主要有以下两大类：

（一）专业性农业技术推广体系

它以政府财政资金支持和开展公益性服务为特征。按农业内部的行业进行横向划分，分成种植业技术推广体系、林业技术推广体系、畜牧业技术推广体系、水产业技术推广体系、农机技术推广体系等；按从中央到地方各级行政区域进行纵向划分，分成国家、省（自治区、直辖市）、地（设区的市、州、盟）、县（不设区的市、旗）、乡（镇、苏木）、村六级。目前，专业性农业技术推广体系是我国农业技术推广的主体，发挥着重要的作用。其优点在于所推广的农业技术较为广泛。

（二）非政府农业技术推广体系

它是我国农业技术推广的重要补充，主要有农民专业合作经济组织（包括农民专业合作社和农民专业协会）、农业科研院所、农业大中专院校、涉农社团等。其优点在于所推广的农业技术针对性强、效率高等。

五、农业技术推广的基本程序

（一）项目选择

项目选择是一个收集信息、选定项目、制订计划的过程。收集信息就是要收集与推广目标有关的信息，在此基础上选定一个具体的推广项目，并对之进行设计，制订出推广计划。项目选择一定要因地制宜，适合当地当时的情况，即体现先进性，又切实可行。

（二）引进、试验

引进、试验是推广工作的前提和基础。农业生产的地域性使技术的广泛性受到限制。因此，对于选中的新技术、新品种必须经过引进、试验，以验证其对当地条件的适应性。引进、试验一般放在具有公益性质的试验基地进行。

（三）示范

示范是展示所推广技术的优越性，对广大农民进行宣传教育、激发兴趣、转化思想的重要环节，同时还可以进一步验证技术的适应性和可靠性，逐步扩大新技术的应用规模，为大规模推广做好前期准备。示范是迎合广大农民“直观务实心理”特点的有效措施，往往能收到“百闻不如一见”的效果。示范一般在由政府扶持的科技示范户或具有公益性的示范基地进行。

（四）培训

培训是一个技术传输的过程，也是让农民尽快掌握技术要领的过程。通过培训，一方面进一步宣传所推广技术的优越性，激发农民采纳应用该技术的欲望和积极性；另一方面使农民尽快掌握所要推广的技术的使用和操作方法，学会应用该项技术。农民培训，一定要语言通俗浅显，幽默风趣，易懂好记。

（五）推广

农业技术的推广就是大规模使用该项技术。这就要求推广人员要为农民使用此技术“保驾护航”，为随时解决生产实际中所发生的一切问题，开展技术咨询和服务。

六、农业技术推广的基本方法

（一）大众传播法

大众传播法是农业技术推广人员按照农业技术推广计划将农业技术和信息经过选择、加工和整理，通过大众传播媒体广泛传播给农民群众的一种推广方法。其具有传播信息量大、范围广、速度快、成本低等优点，可以反复播放，引起农民注意，加深农民的印象。

大众传播法比较适宜于介绍农业技术新成果、新观点，传递具有普遍指导性、通用性的科学技术信息，发布预测、预报信息，介绍先进经验，解读政策等。

大众传播法根据具体媒体的不同，还可以分成印刷品媒体传播、静态物像媒体传播、视听媒体传播和现代多媒体传播等。

（二）个别指导法

个别指导法是农业技术推广人员按照农业技术推广计划有针对性地对农民进行“一对一”技术指导的一种推广方法。其具有针对性强、能直接解决实际问题、双向沟通效果好等优点。但这种方法具有信息传播范围小、成本高、效率低等不足。

个别指导法比较适宜于对科技示范户或农村致富带头人所开展的示范进行指导，以及对于文化水平低、接受新技术困难的重点帮扶农户的指导等。

个别指导法根据具体指导形式的不同，还可以分成办公室咨询、电话咨询、科技短信咨询、信函咨询、农户访问与访问农户，以及电脑视频互动服务等。

（三）集体指导法

集体指导法又称团体指导法，是指农业技术推广人员按照农业技术推广计划对同一区域生产经营活动相同或相似的农民，集中进行农业技术指导和服务的一种推广方法，是一种介于大众传播法与个别指导法之间的比较理想的方法。其具有传播信息量较大、推广效率较高，且通过“面对面”地交流与辩论，可以澄清推广中模糊认识等优点。但这种方法的缺点是传播共性信息，而在较短时间内难以满足每一个人的个性化需求。其比较适宜于较大规模的示范与推广工作。

集体指导法根据具体指导形式的不同，还可以分成办培训班、召开观摩会、召开现场会、田间学校培训及分组讨论等。

（四）田间课堂法

田间课堂法是指按照农业技术推广计划把农民集中起来，把要讲授的技术内容安排到田间结合生产实际进行讲解的一种推广方法。其具有结合实际紧密、直观易懂、好学易记等优点。不足之处是受实际情况局限及季节影响大，培训计划的落实困难。

田间课堂法比较适宜于新品种、新技术的最初示范和推广。

（五）技物结合法

技物结合法是农业技术推广人员按照农业技术推广计划，以示范推广农业技术为核心，而给农民提供与之配套的农用生产资料和物资，以及相关信息服务的一种推广方法，是近年来新出现的一种行之有效的推广方法。其优点在于拓展了推广服务的领域、易于解决技术推广中的物资配套问题、增加了推广机构或推广人员的经营性收入。但其不足之处在于容易诱导推广人员“重物资经营”而“轻技术服务”，从而偏离农业技术推广的目标和方向。

技物结合法比较适宜于对农用生产资料和物资有特殊要求的农业技术推广工作。

第三节　推进农村工业企业技术创新

农村工业生产中的科学技术，通常是指农村工业企业所创造或运用的根据生产实践经验和自然科学原理总结发展起来的各种工艺操作方法与技能。其构成了农村工业企业技术创新的主要内容。

一、技术创新的概念、内涵与特点

技术创新是指改进现有或创造新的产品、生产过程或服务方式的技术活动，包括开发新产品、采用新工艺，以及使原有产品和工艺发生显著的技术变化等。技术创新通常分为独立创新、合作创新、引进再创新三种模式。实践中，重大的技术创新会导致社会经济系统的根本性转变。

农村工业的技术创新，是农村工业企业提高自主创新能力的重要途径。农村工业企业应该围绕自己的主导产业或主导产品高度重视技术创新，建设技术创新队伍，加大技术创新的资金投入，重视技术创新储备，为企业增强自主创新能力奠定基础。

二、农村工业企业技术创新的对象

农村工业企业中，技术创新的对象非常广泛，一般包括：

（一）产品创新

产品创新包括改造老产品和发展新产品两个方面，它是农村工业企业技术创新的龙头。产品的改造，既要提高产品的使用价值，又要尽可能降低活劳动和物化劳动的消耗；既要简化产品的结构，又要保证产品的质量；既要简化产品的品种规格，又要提高产品的标准化、通用化、系列化水平。发展新产品，必须要有战略眼光，努力做到生产第一代，研制第二代，构思第三代，寻找第四代。

（二）设备和工具创新

设备和工具是农村工业企业进行生产的必要手段，是现代化大生产的物质基础。对现有设备和工具进行创新，主要包括：一是根据生产的不同要求，采用多头传动和一机多用的方法，对原有机械设备进行结构改装或增加附件，扩大设备适用范围；二是开发简易设备，革新生产工具；三是将手工操作改为半机械化以至机械化操作，不断提高机械化、自动化水平；四是开发气动、电动、液动、组合的自动、半自动夹具和先进刀具等。

（三）生产工艺和操作技术创新

生产工艺和操作技术是指在生产过程中以一定的劳动资料，作用于一定的劳动对象的技术组合的加工方法。这方面的创新主要包括：改革旧的工艺和缩短加工过程；用先进的加工方式代替旧的加工方法；创造新的操作方法等。对生产工艺和操作技术的开发，可以迅速提高劳动生产率，缩短生产周期，节约与合理使用原材料，提高产品质量和经济效益。

第四节　做好农村科学技术管理工作

一、农村科学技术管理的内涵

作为农村经济管理重要组成内容的农村科学技术管理，就是对农村生产经营活动中的生产要素——科学技术的管理，是指对农村经济活动中为通过促进科学技术创新及其成果转化与应用等发挥科学技术要素的作用而进行的决策、计划、组织、领导和控制，以达到预定目标的过程。具体来讲，农村科学技术管理就是在农村经济活动中遵照科学技术工作的特点与规律，充分利用管理的职能和手段，积极组织技术创新，大力开展技术引进、产品开发和技术推广，促进科学技术转化为现实生产力的过程。

二、农村科学技术管理的必要性

科学技术是第一生产力。但作为生产要素的科学技术要在农村经济活动中最为有效的发挥作用，必须对其加强管理。

（一）加强科学技术管理是科学技术工作规律的客观需要

农村经济活动中科学技术要素的选择和使用是重要的科学技术工作。科学技术工作有其内在的规律性，要求在其过程中要按照客观规律办事。因此，为了保证农村经济活动中科学技术工作按照预定目标有序开展，就必须加强管理。

（二）加强科学技术管理是使科学技术转化为现实生产力的重要保障

科学技术是潜在的生产力，只有同生产中的其他生产要素结合，才能转化为现实生产力。因此，在农村经济活动中，要组织和协调科学技术要素与劳动者、劳动资料和劳动对象实现有效结合和最优配合，以获得其最大产出，实际上这就是管理工作，是最为有效的管理。

（三）加强科学技术管理是提高农村经济效益的必然要求

科学技术作为农村生产经营过程中的“催化剂”，其作用是既会促进其他生产要素在使用上的节约，又会推动其他要素最大限度地发挥作用；其结果是节本增收，带来农村经济活动经济效益的提高。但这个过程不是自发的，而要求通过加强科学技术管理来实现。因此，加强科学技术管理是提高农村经济效益的必然要求。

三、农村科学技术管理的主要工作

农村科学技术管理的内容多，涉及面广。归纳起来，有以下几个方面的主要工作：

（一）组织和队伍建设

主要包括在农村经济组织中设置和建立科学技术管理机构，组织和培养提高科学技术人员等工作。

（二）编制规划或制订计划

主要包括确定农村经济组织科学技术发展战略，编制农村经济组织科学技术创新与应用长远规划，制定农村经济组织科学技术创新与应用年度计划等工作。

（三）建立规章制度

主要包括建立农村经济组织的科学技术创新制度、新产品开发制度、技术选择与推广制度等工作。

（四）组织开展技术创新与推广应用活动

主要包括组织开展技术培训、技术服务、技术比武，以及群众性的技术革新活动等。

第六章　农村信息管理

第一节　农村经济管理所需要的信息

当前条件下，有了准确、及时、全面的信息才有可能做出正确的决策。在实际工作中，农村经济管理需要注意掌握以下信息。

一、市场信息

开展农村经济活动，需要了解市场信息。市场信息主要包括以下内容。

（一）农产品市场价格信息

我国幅员辽阔，农产品市场价格具有以下特点：

1. 各地差异大

鲜活农产品、特种农产品的价格，各地差异较大。其原因在于：一是各地生产成本不同，二是各地市场供求量不同。由于生产成本和市场供求量是经常变化的，因此产品的市场价格也会随之变化。农村经济管理要随时了解各地市场的价格行情。如果有条件，还需要了解国外相关农产品的价格行情，通过分析产品的价格行情和成本，寻找盈利最大的项目。

2. 价格变化快

从统计分析的结果来看，市场价格变化快的当属鲜活农产品，而青菜的价格又是鲜活农产品中变化最快的。古时候就有“好马赶不上青菜行”的说法。进入21世纪后，虽然蔬菜生产进入专业化、区域化阶段，但蔬菜价格的波动仍然是最剧烈的。除了蔬菜外，其他鲜活农产品由于生产的季节性强，保鲜成本高，价格的变化也很快。部分产品不但每天价格不同，而且早晚价格也有变化。

3. 质量差价大

进入21世纪后，我国农产品质量差价逐步拉开，同一农产品因品牌、质量等的不同价格也有很大的差距。如在同一超市上，无品牌的普通鸡蛋价格为每千克8元，而包装的品牌柴鸡蛋每千克20元。当前，农村经济管理者不能简单地了解某一品种的农产品价格是多少，还需要了解在不同的产地、品种、规格、品牌、质量、等级条件下的市场价格。

4. 变化有一定的规律

看似起伏不定的农产品价格变化主要是供求决定的。在消费需求不变的条件下，生产增长后，价格会下降；在生产不变的条件下，消费需求减少，价格将下降；在消费需求增加的条件下，生产不变，价格将上涨；在消费需求不变的条件下，生产减少，价格将上涨；在消费和生产同时增加时，如果消费增长快于生产的增长，则价格上涨，如果消费增长低于生产的增长，则价格下降；在消费和生产同时下降时，如果消费下降低于生产下降，则价格将下降，如果消费下降快于生产下降，则价格上涨；当消费下降生产增加时，价格将大幅度下降，反之价格将大幅度上涨。掌握上述规律，就可以基本把握市场价格的变化趋势。

（二）农产品市场需求信息

在农村经济活动中，特别需要了解下列市场需求信息。

1. 批发与零售市场的产品需求

产品批发与零售市场是目前农村生产经营单位了解产品市场信息的主渠道。由于需求变化时价格也会相应发生变化，农村生产经营者还可以通过价格信息认识产品需求变化的方向及其程度。

2. 加工企业对原料的需求

有些企业需要的农产品是从市场采购的，这类企业的农产品需求信息可以从市场价格上得到反映。同时，目前也出现了大量与农业生产单位签订合同，委托农业生产单位生产的加工企业。这类企业对于农产品的需求难以从批发与零售市场上直接得到，多数需要从企业的有关信息中得到反映。

3. 直接消费需求

进入21世纪后，我国连锁企业的发展速度非常快。不少大型连锁企业有自己的生产基地，如我国目前比较知名的连锁餐馆肯德基、麦当劳、全聚德，以及欧尚、家乐福、沃尔玛等连锁超市均有自己的生产基地，所用农产品原料大部分通过订单生产。这部分产品的需求数量稳定，价格合理，能够为农村带来稳定的收入。认识这类产品的市场需求，需要从相关调查及专业统计中去了解。

4. 产品出口的需求

出口农产品一般是采购商直接与农业生产单位联系，或者农业生产单位自行组织出口，在国内农产品市场上很难了解到这方面的信息，但可以从外贸企业，或在有关进出口贸易的统计报表上了解到。

（三）农产品市场趋势信息

我们已经知道，产品的价格是由供求决定的；而消费者的需求变化与收入相关。这样我们就可以通过收集有关供求变化和收入变化等信息认识产品市场供求的未来趋势。如在猪肉市场上，母猪的饲养决定仔猪的数量，如果母猪大量减少，未来市场的仔猪必然减少，在一定时期内猪肉的供应也会减少，如果需求不变，将使猪肉的价格上涨。

在农业生产经营管理中，不可单凭过去的经验办事，将过去长期形成的经验当成客观规律有可能使经营受损。如我国春节是最重大的节日，春节期间农产品的需求明显增长，故此，一般情况下农产品价格会有一定程度的上涨。但并不是年年春节农产品的价格必然上涨。由于影响市场价格上涨的背后是供求变化，如果春节期间某种农产品供应大量增加也会出现价格的下降。

二、生产条件信息

农村生产受自然条件的影响较大，同时也受到生产资料供应、运输、技术等条件的制约，在决策时还需要掌握这些方面的信息。

（一）农村生产的基本条件

土壤、气候、水文是农村生产的基本条件。了解这些条件需要掌握长时间的资料，需要进行一定的分析，需要有科学的手段。如我国的寒潮往往几年一次，受这种寒潮的影响，南方的一些种植、养殖项目会受到很大影响，甚至有全军覆没的危险。在这类地区生产有关农产品时，掌握寒潮等信息就非常重要。类似的还有台风、洪水的影响等。

在某些产品的种植或养殖中，需要有一定的特殊条件。如决定柑橘甜度除了温度和日照外，还与土壤中氮、磷、钾的比例密切相关，与微量元素有关。种植柑橘时，如果不了解土壤的详细信息，就很难生产出高质量的柑橘。

（二）农村生产的竞争性条件

农村生产经营要取得好的经济效益，就要在市场上有竞争优势，这就需要掌握有关竞争者的信息，主要有以下几点。

1. 竞争者的自然条件

农业生产是自然再生产与经济再生产的结合，拥有良好的自然条件才有生产优势。自然条件的优劣决定了不同地区具有不同的最适合、较适合与不适合生产的农产品，根据相关信息，找到最适合本地生产的农产品，可以获得最好的经济效益。

2. 竞争者的外部经济条件

外部经济条件是指一个区域所形成的对某一产品生产销售的有利条件。当前，农村生产的专业化区域开始出现，在区域中已经形成了对相关产品的科学研究、销售组织、技术培训、生产资料供应、产品对外宣传等条件，而在其他区域内生产同种产品由于缺乏上述外部经济条件，就很难得到同样的经济效益。因此，了解竞争者的外部经济条件，知己知彼，尤为重要。

三、产业发展信息

农村经济管理除需要了解市场，认识竞争者外，还要详细了解与本村产业发展有关的信息。

（一）产品生产总量信息

在需求相对固定的条件下，了解未来产品生产的总量，便于正确预测市场价格的变化。

（二）新品种与新技术信息

当前，我国农业生产的新技术、新品种、新产品不断涌现，合理运用新的技术，及时更换新的品种，在不增加或少增加投入的同时可以明显提高产量和收入水平。由于农业生产受地理条件、气候条件等因素的影响，对哪些新品种、新技术可以用于当地，需要有深入的了解和认识。

（三）服务信息

当前，农村服务项目在不断增加，甚至有些服务项目已经十分普遍，如种植业中的土壤分析、机耕、播种、插秧、机收等，养殖业中的饲料分析、防疫等。农村社会化服务能够提高生产的专业化水平，可以在较低投入的同时获得显著的经济效益，可以解决农村生产经营者的难题。因此，了解服务信息，对农村生产经营十分必要。

（四）相关产品信息

这里的相关产品是指替代产品和相关生产资料。

1. 替代产品信息

日常生产和生活中，农产品可以相互替代，部分工业品也可以替代农产品。可替代产品的供求对市场价格也有很大的影响。替代性最主要的标志是：一种产品的供求发生变化时，另一种产品的供求也发生相应的变化。即在替代产品的供求发生变化时，会影响被替代产品的市场供求，从而使其价格发生相应的变化。因此，了解替代产品信息也很重要。

2. 相关生产资料信息

农业生产资料价格是决定农产品生产成本的重要因素之一，影响农产品的经济效益。因此，对于农业生产资料信息也需要有一定的了解。

四、相关政策信息

农村经济管理者还必须全面及时了解各种有关的政策及相关法律、法规等，其中最主要的有以下几点。

（一）有关农业生产的政策

主要有土地政策、水利政策、农业生产资料政策、农产品收购政策，以及税费减免政策等。

除了国家的政策外，各地区对农村产业发展也有相关的政策，如有的地区为了加快某一产业的发展，出台的奖励政策、补贴政策等。了解这些政策并用好、用足，有利于在现有条件下加快农村产业的发展。

（二）有关运销的政策

农村产品的市场价格直接或间接地受到国家有关产品运输和市场销售相关政策的影响，农村经济管理需要了解这些政策，并研究这些政策对农村的影响。如国家制定了农产品运输的绿色通道政策，在一定程度上可以减少农产品的运输成本，使当地的农产品有可能运送到更远的区域销售，从而扩大其市场，提高其销售价格，进而提高其经济效益。

（三）相关的法律、法规

农村经济管理必须遵纪守法，这就要学习和掌握相关的法律、法规。

涉及农村生产经营的法律、法规主要有农业生产法律制度、企业法律制度、农村自然资源法律制度、税收制度等。有些法律、法规与农村生产经营有间接关系，也需要有一定的了解，如环境保护法、能源法等。对于养殖户来说，如果要发展特种养殖，还需要了解野生动物保护法等。

第二节　农村经济活动信息的收集与应用

农村经济管理需要以较小的投入收集到较多的有用信息。为此，要了解信息的来源与收集的方法。

一、农村信息的来源

我们比较熟悉和经常使用的农村信息来源主要有以下几点：

（一）**公共媒体**

公共媒体是我们最熟悉、最常用的信息来源。农村中最普遍的公共媒体有以下几点：

1. 广播

广播是农村中最早的信息来源之一。从广播中可以得到政策、市场等方面的信息，同时也可以得到新技术及生产经验的介绍等。广播收听方便，传递信息及时，但专业性差，有关信息不详细，同时广播信息不易储存，整理也不方便。

2. 电视

电视的优点是直观，可以看到有关生产和市场的实际情况。目前电视中有专业的农村、农业频道，介绍新技术、新品种，以及生产经验和各地的市场信息等。电视比广播更生动、更直观，但目前储存信息还比较困难。

3. 报刊

有关农村的报刊，特别是地区性专业报刊的针对性很强，是了解当地信息的重要渠道之一。报刊方便储存，有关信息的整理与利用很方便，但信息的传递时间长，时效性较差。

4. 书籍

书籍的最大特点是专业性强，内容比较详细。目前越来越多的出版单位考虑到农村特点，出版的书籍简便易携带，有“口袋书”之称，这些书籍可以及时向农村经济管理者介绍有关政策、法律及农业新技术等。

5. 电子媒介

与书籍相比，电子媒介的成本更低、信息量大、出版速度更快、复制更为简单、普及更容易。由于音像媒介可将有关信息以多种形式表现出来，农民更容易理解和接受，逐步成为传递某些信息的主要渠道之一。

（二）电话与网络

电话与网络的优点是信息发布者与接受者可以相互沟通，从而可根据用户的要求提供信息。目前的渠道主要有以下几点：

1. 有线电话

这种形式的最大优点是可以实时了解有关人员是否已经收到相关信息，并根据信息进行工作安排。另外，农村经济管理可以通过有线电话询问相关信息，如可以通过有线电话询问以解决生产、技术及销售中的难题等。

2. 无线电话

近十几年中，我国农村经历了从寻呼机到手机的转变。手机也从简单的通话向短信、彩信、上网等转变。无线电话在农村信息的传递中正发挥着越来越大的作用。

3. 互联网

互联网信息量大、选择性强，有强大的查询功能，同时还可以与有关单位进行直接联系，并将本单位的信息发送给有关单位。互联网很可能成为农村未来最重要的信息渠道。

（三）交谈、报告与会议

目前，不少农村中最主要、最经常的信息来源，还是传统的交谈、报告和会议。

1. 交谈

当前，在信息传递中，面对面的交谈仍然占有非常重要的位置。特别是专业人员之间、各单位的主管之间、上下级之间，面谈还是获取可靠信息的最主要渠道。面谈往往能够通过身体语言、表情等更准确地传达相关信息。同时，交谈中可以根据对方的需求，提供对方最感兴趣和最需要的信息，并且可以通过回答提问以解释对方不清楚的地方，了解对方对信息的掌握和理解程度等。

2. 报告

对于有关政策、形势等需要相关人员普遍了解的信息，对于农业生产经验的传授，对于新品种的介绍等，现场报告有着比听录音、看录像更好的效果。虽然这种方法的投入比较大，但效果良好，目前还无可替代。

3. 会议

会议与报告的不同点是会议除了传达有关信息外还需要听取相关人员的想法和做法，是比较有效的信息传递形式。在会议中可以接收到来自各方面的信息，有的会议还有讨论、座谈等，类似于放大了的交谈。

（四）调研、学习与考察

在农村经济工作中，还需要使用某些专用的信息收集方法，主要有以下几点：

1. 市场调研

农村经济管理者本人或委派人员到市场上收集信息，是目前取得市场信息的最重要的渠道之一。农村经济管理中，收集最多的是两类信息，一是产品售价信息，二是生产资料价格信息。不少农村生产经营者反映，要掌握实用信息，非走进市场调查不可。

2. 外出学习

虽然目前有大量载有新技术的书籍、光盘等，但要掌握这些新技术还得通过外出学习才能真正学到手。有些农村经济管理者也反映，对于有些新技术虽然在外出学习之前已经反复阅读了相关资料，但到了实地往往还有完全不同的感受，真是百闻不如一见呀！

3. 专题讲座

目前，部分科研单位或企业为了推广其技术和产品，经常到农村举行各种专题讲座，主讲人往往是专家，并针对不同的听众调整讲座的内容。不少讲座提供的信息对农村生产经营有较大的帮助，有些信息甚至可以解决部分农村生产经营单位的难题。

4. 参观考察

每年，我国都有许多专业和综合的农业展览会、展销会，其集中反映了农业生产和销售的相关信息，参观展览会、展销会的同时还可与有关方面进行交流。实际上，对于农村所需要的信息，有时还需要通过实地考察才能详细了解。

二、收集信息的方法

收集信息的方法很多，常用的主要有以下几点：

（一）个人收集法

农村生产经营单位中的每个人都需要了解与工作相关的信息。个人收集法是指在工作之中以及工作之余，以有助于工作为目的收集相关信息的方法。

（二）专人收集法

对于重大信息，以及对于经常变化的信息等，个人兼业收集难以达到目标要求。这类信息需要有专人负责收集。专人收集法是指设专人或专业的工作小组负责收集信息的方法。

（三）委托收集法

有些信息对于生产经营单位有着特别重大的意义，同时这些信息又不能从公共媒体中及时准确地获得，此时就需要委托有关单位和个人专业或兼业完成信息的收集工作。特别是农村产品销售以外地或国外为主的生产单位，要及时、准确掌握外地、外国的产品市场行情，就需要通过付费的办法，委托有关人员或单位完成信息的收集。这种方法就称为委托收集法。

（四）购买信息法

目前，社会上有专业的信息中心、咨询中心等。这些单位的主要业务就是为有关企业或个人收集其所需要的信息。这些单位的专业性强、信息渠道广，通过合同可以对其工作提出明确要求，获得的信息比较可靠。在进行生产经营的重大决策，如投资决策时，可以通过购买的形式获取完整的信息。这种通过购买的方式获取所需信息的方法就是购买信息法。

三、收集信息时需要注意的问题

收集信息并不难，但用较小的投入收集到有用的信息并不容易。在收集农村经济管理信息时需要注意以下问题：

（一）有明确的目的

农村经济管理收集信息的目的就是为了获取更大的盈利，即取得良好的经济效益。在收集信息的过程中，要始终服务于这一目的。这也就是说，与生产经营无关、无助于提高效益的信息，应不在收集之列。

（二）收集有用的信息

判断信息有用与否，可以从以下五个方面来衡量：

1. 有效性

即该信息用于生产经营中能够获得相应的效果，提高生产经营的效率或降低生产经营的成本，或者解决生产经营中的问题等。对农村经济管理有效的信息可以是直接的，也可以是间接的。收集间接的信息并进行有效性判断也是农村经济管理者的一项重要工作。

2. 可靠性

在收集信息时，可靠的信息往往来自权威的信息发布单位，如政府及其有关部门发布的信息、专业刊物上有关专家发布的信息等。生产经营单位委托或派出人员收集的信息、经过验证的信息、可靠人员提供的信息等，一般都比较可靠。

3. 及时性

市场行情信息、产销信息等瞬息万变。这类信息只是在一定时间内才有效，超出一定的时间就是无用信息。因此，收集信息要注意及时性，使用信息也要注意及时性。否则就成了无效信息。

4. 准确性

信息不准确的原因是多方面的，信息收集人员的失误、计量工具的不准确、信息收集人员迎合信息需要者的偏好，以及有意发出的不准确信息等，都会影响信息的准确程度。即使是权威信息发布单位发布的信息，在特定情况下也会有较大的偏差。利用不准确的信息进行决策必然会导致决策失误。

5. 全面性

在农村生产经营中，收集信息时还需要注意信息的全面性。在实践中，对于新技术信息往往强调其好的一面，而对于这种技术的缺点、问题及不适用的场合等却很少提及；对于新品种也常常是强调其增产、增收的作用，而对于其缺点和问题也很少提及。因此，这就要求农村经济管理者要拓宽视野，全面了解这些新技术、新产品，包括其缺点与问题等。

（三）适当收集信息

在收集信息时要有必要的度，既不要忽视信息的收集工作，也不要过量收集信息。我们收集信息的目的是增加农村生产经营的收益。一般情况下，只要收集信息的投入小于所增加的生产经营产出，就可以认为信息收集的工作量是适当的；如果将投入的信息收集工作用于生产经营的其他方面会有更大的收益时，就可以认为此时信息收集的投入量过大，需要适当减少这方面的投入。

（四）打破观念定式

1. 不以当地的情况认识其他区域

不同文化、民族、地区、国家的人对产品的需求是不相同的，在收集信息时注意到这一点往往可以获得出人意料的经济效益。如我国江苏北部人不吃泥鳅，当地有吃泥鳅嘴尖的说法。但当地的自然条件很适合泥鳅的生产，当得知日本、韩国人喜欢吃泥鳅，且市场价格比较高的信息后，当地开始组织泥鳅的养殖并大量出口，在很短时间内就取得了可观的经济效益。

2. 不以过去的情况臆断现在和未来

收集信息时，还需要注意人们的生活习惯、消费需求都有可能发生变化，不能单纯凭借经验，主观地以过去臆断现在和未来。如历史上我国城乡消费牛奶的量很少，不少人不习惯喝牛奶，但随着人们收入水平的提高，加上有关方面大力宣传喝牛奶有益健康后，我国牛奶的消费水平迅速得到了提高。

四、信息的应用

信息的应用主要有以下五个环节：

（一）筛选

筛选是指对信息进行分类与挑选。筛选信息时，对信息有不同的分类方法，常用的是根据重大和紧迫程度对信息进行分类。首先选出重大而紧迫的信息，这些信息比较重要，而且需要立即予以应用；其次是选出不重要但很紧迫的信息，这些信息虽然没有重大影响，但也需要立即予以应用；第三是选出重大但不紧迫的信息，这些信息的内容需要认真考虑，但不需要马上处理；第四是选出不重要也不紧迫的信息，这些只是参考信息，有时间和精力时可以考虑，也可以不考虑。

（二）鉴别

要保证所应用的信息是正确的信息，还需要对筛选出来的信息进行必要的鉴别，去除虚假信息、不实信息，以及可疑信息，以保证信息真实可靠。鉴别信息真伪的方法有很多，简单的方法有三种：一是逻辑推理的方法，即不合乎逻辑的是可疑信息；二是验证的方法，即看通过其他渠道得到的信息与需要鉴别的信息内容是否一致，不一致的是可疑信息；三是通过判断信息发布单位的方法，即不可靠单位发布的信息应该是可疑信息。

（三）分析

对信息的分析是对有关信息去粗取精、去伪存真的过程。对信息的分析也有不同的方法，其中定性分析是对信息性质的认识，而定量分析是对信息中有关数量的认识。收集来的信息反映的是零星的、表面的、杂乱的情况，将相关的信息综合在一起，利用表格、图形等数量分析的工具，有助于认识所收集到的信息中的客观规律性。

（四）判断

判断是指在对信息进行分析的基础上判别当前以及未来可能发生哪些变化，根据这些变化来认识客观事物的发展规律。判断的基础是信息的收集、分析，以及对所掌握信息的深入思考。如对于某一产品市场价格的变化，仅仅能够判断未来是上涨还是下降是不够的，还要能够判断未来市场在哪一时点，有多大幅度的价格变化。只有这样才更有利于农村经济管理者做出正确的抉择。

（五）验证

如果有条件，在进行决策前还需要对相关信息进行验证。农村经济管理者验证信息的主要方法有两个：一是小型实验。特别是对于新技术、新产品是否适合当地的条件，则可以通过小型实验的方法来认识有关信息的真伪。二是进行实地调查。所谓眼见为实，即通过实地调查来认识信息，并检验其真伪。

第三节　发布农村生产经营信息

在生产经营中，农村经济管理者需要让社会有关人员了解本单位的生产经营情况和需求，从而需要对外发布信息。

一、农村经济管理者需要发布的信息

农村经济管理者需要对外发布的信息主要有以下几点：

（一）产品销售信息

农村生产经营的绝大多数产品都需要通过市场销售，目前虽然有大量的收购商直接到农村收购，但为了更有效地完成销售，还需要农村经济管理者发布有关产品销售的信息，使更多的消费者和经销商了解当地生产产品的品种、数量和质量等。

（二）生产资料需求信息

农村生产经营中需要多样的生产资料，常用的生产资料虽然有固定的采购渠道，但有些生产资料的购买并不容易。另外，市场上有大量的生产资料销售商，其掌握着不同价格和质量的生产资料。农村经济管理者及时发出对生产资料的需求信息，有助于沟通与供应商的联系，得到物美价廉的所需要的生产资料。

（三）服务需求信息

随着社会分工的深入，农村生产经营中专业化服务的内容也在不断增加。目前，从生产前的土壤分析，生产中的机耕、播种，到生产后的收割、储存和运输都有专业化服务的组织。在畜牧业生产中，从养殖场的设计、种苗的提供、畜禽的防疫，到饲料的供应、产品的运输等也都有专业化服

务组织。及时发布服务需求信息，联系质量高、收费合理的专业化服务队伍，既可保证不误农时，又可以提高工作效率。

（四）经营管理需求信息

目前，社会上还可以提供农村生产经营所需要的劳动力、经营管理人才，以及土地、水面等，甚至还可以找到扩大生产所需要的资金、技术等方面的支持。通过发布相关信息，在社会上招聘生产经营所需要的相关劳动力和经营管理人才，可以扩大对生产经营及管理人员的选择面，找到更合适的员工，提高生产效率。

二、发布信息的渠道

发布农村信息的渠道多种多样，主要有以下几点：

（一）口头传递

通过交谈、电话等口头形式是目前最常用的渠道。以口头形式发布的信息多数需要农村生产经营单位的负责人同意或本人表达，至少要得到授权或者认可。发布的口头信息要清楚、明确；发出信息后要守信，要落实有关承诺。

（二）发布广告

对于需要经常发布的信息，还可以采用广告的形式。最简单的广告有生产经营单位的宣传牌，说明本单位的性质、生产的特点，以及主要产品、联系人、联系方法等。另外，针对相关活动制作的印刷品，以及农产品包装物上的说明等也有广告的作用。如果有特殊的需要，还可以考虑在公众媒体上发布广告。

（三）展览、展销

大多数新产品在相关的展览会、展销会上进行宣传，往往能够获得较好的效果。由于参会的人员有明确的目的，专业性较强，对生产经营单位发布的信息比较敏感，而且其中的多数人还具有一定的决策或建议权。在这些活动中，有时只要有几个大中型生产经营单位的相关人员注意到所发布的信息，就能够收到明显的效果。

（四）专业会议

专业会议集中了相关行业的管理人员或技术人员，在这种会议上如果能够发布本村的信息也会有较好的效果。如林果生产者在饮料专业会议上发布果品生产信息、粮食生产者在饲料会议上发布饲料粮生产的信息等，常常可以带来直接的效益。另外，在相关的技术研讨会上发布对技术的需求信息、在生产资料行业举行的会议上发布对生产资料的需求信息等，同样可获得直接的效果。

（五）互联网

随着互联网的普及，利用互联网发布信息已经成为农村经济管理者普遍采用的方法。互联网上发布的信息可图文并茂、生动直观、随时更换。同时，在互联网上发布信息的投入不高、技术不复杂、覆盖的区域广泛，有利于将生产经营的产品介绍到世界各地。

（六）产品推销

在产品推销过程中，销售人员需要携带一定的宣传材料，需要口头介绍自己的产品，需要明确产品的价格，以及告知生产单位的联系方法等。产品推销要有明确的目的，由于直接与需求者交流，可以给人留下较深的印象。

三、发布信息时需要注意的问题

（一）信息发布的权限

只有负责人才有权力发布本单位的信息。员工和下属未得到许可是不能发布信息的。无论是发布本单位的产品销售信息，还是发布生产资料等的需求信息，都需要得到负责人的同意。

（二）**保守生产经营中的秘密**

生产经营单位在发布有关信息时，需要保守生产经营中的秘密，注意不要在发布信息时将自己的内部消息透露出去。如生产的成本、价格底线、与其他单位的交易情况等。发布信息时，也要注意不要将无关的内容同时发出。生产单位发布的只是需要让外部知道的信息，不宜于让别人知道的信息尽可能不要向外公布。

（三）**把握机会**

对于每个地区或特定的产品，在特定的时间发布信息常常有较好的效果。在发布信息时，要注意把握机会。如当地举办与农产品有关的活动时，或外来经销商、采购商大量涌入时，或外来人员较多时，此时发布信息可能让更多的专业人员或消费群体所了解、所认识；一旦错过这一时间，其工作将会事倍功半。

（四）**突出重点**

由于目前社会上发布的信息数量庞大，要让有关人员重视农村经济管理者发布的信息并不容易。这就需要在发布信息之前详细分析所需要解决的主要问题是什么，哪些有可能引起相关人员的兴趣，等等，即在发布信息时要对发布的内容精心设计以突出重点，发布的信息内容要短小精悍、一目了然。这样发布的信息才会有好的效果。

（五）**衡量效益**

发布信息时需要对发布信息的方式、方法、力度、投入量等有一定的选择，力求以最小的投入，获取最大的效益。在实际工作中，农村经济管理者发布信息时都不会只用单一的方法，而是多种形式的组合。此时，如何组合才有更好的效果，也需要有一定的考虑。从信息发布到收到效果，有时需要有一个过程。对于不能立竿见影的信息，则需要在一定的时间内坚持多次发布，以让有关的经销商对生产经营单位的供给与需求有更深的印象和了解。

第四节　做好农村信息管理工作

农村经济管理者要用好信息，需要做好信息管理工作。

一、农村信息管理的必要性

（一）管好用好信息才有正确决策

农村生产经营信息往往影响着农村生产经营的经济效益。社会上有不少“一条信息救活一个企业”、“一条经济情报使人由穷变富”的实例。这充分说明了信息对农村商品生产所起到的显著作用。当前，信息已成为农村经济发展的重要条件。

我国地域广阔，农村情况复杂，如何从农村的实际出发，进行正确的决策，对于农村经济的发展有着非常重要的作用。然而，正确的决策必须以全面准确反映整个市场变化和农村经济活动的信息为依据。掌握信息和了解情况，是进行农村经济决策最起码的条件，也是决定决策正确与否的基础。如果缺乏全面、及时、准确的情报、资料和数据，“情况不明决心大，心中无数办法多”，那就难免出现决策上的失误，造成严重的经济损失和不良的社会后果。

（二）管好用好信息才能沟通城乡联系

市场经济体制下农村经济的发展依赖于日益紧密的城乡联系，不但农产品的销售依赖于城市的需求信息，而且农村工业和服务业的发展以及劳务输出等，都依赖于城乡信息的沟通。我国农村信息条件差，农户收集和整理信息困难，单凭农户收集信息，很难了解外部的需求和供给条件，也难于全面、准确了解实时的市场价格，农村经济管理者要通过与上级加强联系，管好、用好信息，可以在一定程度上缓解农村信息不畅通的问题，促进农村经济的发展。

（三）管好用好信息才能提高效率

当前，世界科技发达、市场广阔，为农村生产经营效率的提高奠定了基础。然而利用好科技进步的成果，打开广阔的市场，首先要掌握相关信息。在信息化时代，国家疏通了信息通向农村的渠道，但有关信息鱼龙混杂、真假难辨，有用的信息时常混杂在大量的无用、虚假信息中，农村经济管理者一方面要收集信息，另一方面要管理好相关信息，去粗取精、去伪存真，掌握有用的、真实的信息，从而才能真正加快农村的科技进步，才能真正打开更加广阔的市场。

二、农村信息管理的特点

（一）农村信息管理要结合农村的实际需要

农村生产经营需要的信息非常具体，仅从公共渠道中很难找到。近几十年来，我国农村中不断出现的卖粮难、卖白菜难、卖柑橘难等问题，其根源是农村、农户还不能在种植农产品时了解该产品的需求和供给信息，这反映出虽然当前世界已经进入了信息化时代，但农村、农户在实际的生产经营活动中需要的不少信息还难以找到。解决这一问题，还需要农村经济管理者的长期努力，通过信息管理，从分析、判断、调查中找到农村发展所需要的有用信息。

（二）农村信息管理要沟通与上级的联系

改革开放以来，国家十分重视农村信息工作。目前已经建立起多个农村信息系统，从国家信息中心、国家发展改革委、农业部到各地都建立了农村信息的专业机构，不少乡镇还设立了信息服务站。农村经济管理者要充分利用好上级有关部门提供的条件，加强与有关部门和单位的联系，以缓解农村信息管理力量不足的问题。

（三）农村信息管理要满足农民的多种需求

农村经济管理者既要满足农户生产经营活动中对信息的需求，满足农民外出，包括到境外从事生产经营活动的信息需求；也要满足农民生活对信息的需求，如农民卫生防疫、健康养生、医疗保险，以及文化生活方面的信息等。

三、农村信息管理的主要工作

（一）建立信息管理的相关制度

农村的情况和条件不同，建立的信息管理制度也不尽一致。主要有以下几个方面。

1. 历史信息的存档制度

农村中许多重大事件都有文字材料，这些材料既是本村历史事件发展的记载，又是日后工作的重要依据，需要将这些材料分类保管。农村中与外单位签订的合同、与村民签订的合同，以及重要会议的记录、重大事件记载的材料等，都需要通过制度保管起来。

2. 重大信息的收集制度

有些信息对于本村的发展至关重要，而社会上这些信息又相对零乱，农村经济组织对这类信息要建立收集制度。如甘肃省大王庄的主要农作物是马铃薯，为了掌握马铃薯的种苗、销售、运输及市场供求信息，村里设立了从几个渠道收集有关马铃薯信息的制度。几年下来，大王庄利用对信息的收集和分析，优化了种苗，联系了众多的收购商和运输车辆，不但提高了马铃薯的产量，而且还提高了销售价格，实现了农民的增产增收。同时，多年专业信息的收集使大王庄对马铃薯的市场增加了了解，在一定程度上减小了规模种植的风险。

3. 相关信息的公开制度

目前，不少农村实行了党务、财务、村务三公开的制度，要对农村生产经营信息和需要公开的其他信息，向村民一并公开。在制定信息公开制度时，除公开的内容外，还应包括公开的程序、公开的形式、公开的时间及对信息公开的监督等内容。

（二）落实信息管理的相关人员

为保证信息管理落到实处，农村经济组织需要安排信息管理人员。对于集体经济实力雄厚的农村，可以根据需要安排有关的信息收集小组；对于人口少、集体经济实力弱的农村，也应该安排专人或者兼职人员管理相关信息。

信息管理人员要有较高的文化程度和一定的专业能力，而且农村经济组织要为信息管理人员提供必要的条件，以使之能够切实完成信息管理的任务。

（三）用好现代信息技术与设备

农村信息管理中要用好现有的各种设备和技术。如有的农村通过群发短信向广大村民公开信息，速度快、效果好、费用省，受到了农民的欢迎；有不少农村还利用上级配给的计算机，开展与有关专家的网络对话和视频交流，解决了生产中的技术问题；也有不少农村通过专业的信息网络，了解农产品的产销信息；还有不少农村支持农民专业合作社发展电子商务，也取得了一定的成效。

第七章　农村金融对农村经济的作用机理

第一节　农村金融对农村经济的促进作用

农业是国家经济的基础，农村金融更是一个国家宏观金融体系不可或缺的重要组成部分。根据第一章的理论述评可以确定金融与经济增长有着十分密切的联系，农村金融的发展直接关系到农村经济的发展，而农村经济作为国民经济的“短板”，其发展水平在很大程度上决定了一国经济发展水平，因此充分发挥农村金融对农村经济的支持作用是十分重要的。

以下从三个方面来分析农村金融对农村经济的促进作用：

一、农村金融的融资功能

融资是金融的基本功能之一，为农民提供融资渠道是农村金融的基本功能。与城市居民一样，农民的收入大致可以分为两大部分，一部分用于日常生活消费，另一部分则用于投资。在农村金融发展较为滞后的情况下，大多数农民都选择了储蓄作为主要的投资方式。农村金融可以为农民提供更多的投资选择，保证农民在享受各种金融服务的同时实现财富的迅速积累，也就是说农村金融越完善，农民收入越高就越有利于农村金融融资功能的发挥。

融资是金融的起点，投资是金融的重点。在一个经济区域中，金融机构能够获得的储蓄量越多，它向市场提供的信贷资金也就越多，借贷人可以通过金融机构的融资来获得更多的资金用于扩大生产，从而推动经济增长。据此可以判断农村金融的融资功能在推动农村经济增长中主要是通过以下三个途径解决的：

（一）农村金融的融资功能能够解决目前农村资金分散的问题，实现资金的集中利用，资金的提供者能够通过更多的利率增长财富，资金的使用者能够获得更多的资金用于扩大生产投资。

（二）农业生产有着很强的季节性，农村对资金的供给与需求在时间结构上也存在很大的矛盾，需要的时候缺少资金，闲余之际又不知如何安排手上的资金已成为农村普遍存在的问题，而农村金融的融资功能则很好地解决了这一问题。

（三）农村金融机构主要业务是吸收存款、发放贷款、进行其他投融资服务并承担相应风险。业务性质使得农村金融机构得以成为资金供求双方的中介。通过金融机构这一中介，资金供求双方贷存意愿得以实现，农村储蓄者与农村投资者资金供给与资金需求条件的谈判也更加方便。

二、农村金融使资金使用更加有效

金融支持经济发展作用的发挥很大程度上取决于金融资金的使用效率。对于农村经济而言，农村金融的发展毫无疑问使得农村相对有限的资金得到更好使用。地区、产业、市场主体的不同决定了不同地域的农村对于资金的需求也是存在一定的差别的，有些地区农村闲余资金过多，造成了资金的浪费，也有些地区缺少资金，阻碍了农村的经济发展。而农村金融的存在通过为农民提供更多的储蓄渠道来将农村的闲余资金聚集在一起，然后根据不同地区农村的实际发展需求进行分配，使得全社会的资金使用效率更加有效。利率在这一过程中发挥着重要作用，资产所有者会把闲散资金和投资收益率低于市场利率水平的投资资金存入金融机构从而持有收益较高金融资产；相反，收益率高于市场利率的资金需求者的资金需求将会得到满足。金融机构和金融中介使整个农村社会资金配置效率大大提高。

三、农村金融推动农业科技进步和农业生产率的提高

农业生产率的提高是建立在农业生产技术的进步基础之上的，而农业生产技术的发展很大程度上依赖充足的农业生产技术研发资金的投入。农村生产技术发展较满是两个原因造成的：一个是农业生产技术的研发者看不到利益的空间，研发积极性受到极大的挫伤；另一个则是资金的分散使得研发者缺少足够的资金进行长期的研发。而农村金融的完善与发展一方面解决了农业生产技术研发资金不足的问题，另一方面也减少了传播与应用的阻碍因素和某些阻碍因素的阻碍程度，使其应用空间得以扩大，从而更易于推动农村地区科学技术的发展、应用与传播。

第二节　基于金融深化理论的农村金融支持农村经济发展的作用机理

一、金融深化的内涵

（一）金融抑制与金融深化

1. 金融抑制

金融抑制与金融深化是同一问题的两面，根据麦金农的观点，金融抑制主要指的是政府对金融体系的严格管拉，包括金融机构的市场准入、市场经营、市场推出、货币政策等，以行政手段对金融体系的方式、方向、

结构和空间布局进行严格的管理是金融抑制的最主要特点。但是对于金融市场而言，金融抑制的存在导致金融体系脱离了其固有的发展轨道，金融市场中各种类型的资金价格遭到扭曲，资金需求者也无法以合理的方式和可以承受的价格获取需要的资金。麦金农将金融抑制描述为通过利率和汇率在内的金融价格的扭曲以及其他手段使实际增长率下降，从而导致了金融体系实际规模较之正常发展的金融体系有所下降，进而阻碍了经济增长。麦金农认为，市场经济有着属于自身的存贷款利率上限，如果在以银行为代表的金融机构遵守市场规则，存贷款利率没有超过市场经济上限的情况下政府通过行政手段进行干预，那么就会传达给市场主体各种错误的信息，引导市场主体做出错误的决策，造成生产与投资结构的不合理与资源的错误配置，可贷资金的非价格配给现象必然发生。

对资金的价格—利率进行管制是金融抑制的最主要表现之一。金融抑制之所以无助于经济增长的原因有二：一是金融抑制对利率进行强制干预，导致金融机构存款利率远远低于正常利率，如此一来大众的储蓄热情就会受到极大的挫伤，这种情况下大众将不再将储蓄作为投资的首要原则，而是直接去从事一些收益较低的项目，总体上降低了社会的总投资效益；二是金融抑制对贷款利率的干预（这种干预方式主要是规定贷款利率上限），较低的利率上限可以说是对大众贷款的一种鼓励，一些收益低的项目也能够获得融资，造成了社会资本的极大浪费储蓄的减少与贷款的超额增加之间存在固有矛盾使得政府会进一步采取行政手段对社会资金进行分配，这种分配往往是依据政府的意愿为主，市场配置资源的作用受到了进一步的干扰。

事实上，金融抑制除了表现为利率和汇率的价格扭曲之外，金融体系的“亚健康”状态也是金融抑制的一个重要表现。“金融亚健康”出现的原因主要是由于金融体系缺少发展的良好环境，政府对金融的过度干预使得金融体系发展道路出现了变形。总之，金融抑制减少了由金融体系对储蓄者、企业家和生产者提供的金融服务，进而阻碍了创造性活动，放慢了经济增长。

2. 金融深化

如果说“金融抑制”是问题及成因研究，那么“金融深化”则是针对这一问题的解决对策研究，因此自金融深化理论提出以来就受到发展中国家诸多经济学者的重视，在研究中发展中国家经济学者对金融深化理论进行了进一步的深化。

本书中所强调的金融深化是一个动态的概念，它主要包括三个层次：一是金融增长，也就是金融规模不断扩大；二是金融工具（金融机构）的增多与金融结构的优化；三是政府逐渐放宽对金融体系的管制，在市场机制的自发下逐渐完善，金融效率不断提高。

（二）金融深化的原因与动力

1. 信息不对称

信息不对称顾名思义指的就是市场中交易双方对交易信息的掌握不相等，导致掌握较多市场信息的一方利用市场优势在交易中占据主导地位，损害另一方的利益。

2. 交易成本

关于什么是交易成本，可以通过一个例子很好地看出来：假如一个人想把自己手中的 800 元用于投资，当他投资购买股票时，证券告诉他资金太少，无法投资。如果真的勉强投资，那么按照证券公司的最低收费标准，800 元中将有一半成为证券公司的报酬。当他想投资购买债券时，发现债券的最低面额是 1000 元，也无法投资。以证券公司为代表的金融机构之所以为如此确定最低收费标准和最低面额，原因就在于金融机构在收费之前就已经进行过计算，资金太低的投资收益与自身所花费的时间和精力是不成正比的。因此，所谓的交易成本指的就是完成交易所需的全部成本。正如上文中的 800 元投资，交易成本包括购买费用、广告费用、交易费用、委托费用、签订投资合同费用等，800 元之所以无法完成投资目标，是交易成本限制了投资此外，交易成本的存在还导致资金较少的人不得不将“鸡蛋放在同一个篮子”，因为有限的资金不支持他选择更多的投资项目，如此投资风险就会大大增加。

解决交易成本问题的方法是“规模经济”。所谓的规模经济就是通过增加交易规模来降低交易成本。根据金融机构的设定，投资规模越大，交易成本越低，因此将许多小投资的资金捆绑在一起进行投资就能够很好解决交易成本问题，这也能够解释为什么金融市场上金融中介与金融产品越来越多，事实上很多金融中介与金融产品都是为实现规模经济服务的。例如共同基金就是通过规模经济为中小投资者提供投资便利，降低交易成本，并可以充分实现投资风险的分散。其他各种金融中介，包括金融机构，也包括金融产品，也都是因此而发展起来的有效的金融体系会降低金融中介的成本，提高资金配置的效率，最终提高经济的增长。因此可以说，信息不对称的存在和生产信息的需要，以及生产信息需要交易成本，是推动金融发展和金融深化的最主要的原因和最原始的动力。

（三）**金融深化的表现**

每一次金融分工都是金融深化的表现，从传统的银行这一兼顾所有金融业务的金融机构到证券公司这一单独负责股票、证券投资金融机构的出现，可以看出金融分工的专业化程度在不断加深，随之而来的是金融市场中金融机构的数量迅速增加。而金融机构的增加不仅意味着金融交易方式更加的多元化，更意味金融需求和金融供给不断扩大，这也就刺激新的金融产品与机构出现，实现了金融市场发展的良性循环。具体来说，金融深化的表现主要有以下几点。

1. 专业生产和销售信息的机构的建立

正如上文中所论述，信息不对称是市场交易中普遍存在的现象，解决这一问题的关键在于建立交易商制度，交易商指的就是专业生产和销售信息的机构，如美国的标准普尔、穆迪公司等信用评级机构以及中国的中诚信、大公等信息咨询机构都是将收集融资主体信息、然后公开和贩卖这些信息作为主要业务的机构。专业生产和销售信息机构的建立是金融深化的一个重大表现，标志着金融体系的一些固有缺陷已经得到了重视。当然，专业生产和销售信息的机构的建立并不能完全消除逆向选择问题，因为很多投资者会跟随购买信息的人进行投资，即经济学界中所谓的“搭便车”行为，这些投资者的资质是难以保证的。

2. 政府采取措施进行管理

随着对金融深化研究的深入，经济学家们也意识到了政府彻底放弃对金融的管制对于金融体系的发展有害无利，因此政府采取措施对金融进行宏观管控也是金融深化的一个重要表现。值得注意的是，金融深化环境下的政府管制与金融抑制下的政府管制是存在很大的差异的，金融深化下的政府管制主要以制定和执行统一的会计标准、信息披露标准为主，在金融市场中更多的是担当游戏裁判的职责。

3. 金融中介成为金融发展中的重要现象

像银行、货币经纪公司、信托公司、证券公司、基金管理公司等金融中介的出现和专业化分工，是金融深化的最重要表现。它们分别以不同的方式和成本，根据各自对风险的好恶程度和承受风险的能力，选择不同的交易对手和金融交易产品，作为各自的业务经营的重点和特点，而把自己同其他的金融机构区别开来。这些机构当中，商业银行最具有特殊性，即它是通过单独向单个客户发放贷款的方式来进行的，因而能够有效地防止出现搭便车的现象。因此，银行也是能够最成功地减少不对称信息的金融中介机构。在发展中国家的金融体系中，银行一直承担最重要的金融中介作用。

4. 限制条款、抵押和资本净值

金融深化在金融交易中的表现就是相关合同条款越来越明确，限制性条款越来越多。金融交易本身就存在很大的不确定性，例如借款人以种种理由为借口不归还借款或者擅自将资金挪用他处等。这种情况下贷款人为了避免出现自己不想见到的事项就会在合同中设置限制性条款。限制性条款通常包括限制借款人从事某些活动和高风险投资、鼓励借款人采取一些有利于保证贷款偿还的措施、要求使抵押品处于良好的保管状态、要求借款人定期及时地提供其经营状况的信息。

总之，金融深化的表现其实就是金融深化理论固有缺陷的弥补过程。金融深化的一个典型特征就是金融体系发展交由市场决定，而实践证明在缺少外在因素约束的情况下，金融体系必将朝着单纯的资本运作的方向发展，这不利于社会生产性投资的扩大，因此采取种种措施对金融体系进行限制既是金融深化的表现，也是金融深化的重要内容。

二、基于金融深化理论的作用机理逻辑模型构建原理

（一）农村金融深化的三种效应

农村金融深化将带来储蓄效应、投资效应和投资效率效应，具体如下：

1. 金融深化的储蓄和投资效应

金融深化理论的一个基本观点就是利率管制不仅没有发挥出金融推动资本积累的作用，反而因利率较低的缘故农民的储蓄意愿大幅度下降。进而抑制了资本积累。实际利率的提高既能增加资本形成的数量，同时又可以提高资本形成的质量。

在金融深化理论的观点中，为使实际利率等于或尽可能接近于的这个均衡利率，政府当局应该彻底地废除一切对利率的管制和干预，同时应该积极地制止通货膨胀，这样就可以使得名义利率免受物价上涨的影响。

2. 金融深化的投资效率效应

肖认为金融深化能够提高投资效率是由以下四个原因决定的：一是金融市场的发展将会逐步地对资本市场进行整合，如此可以减少地区和行业间的投资收益的差异性，进而提高投资的平均收益；二是金融深化能够减少政府金融政策的不确定性，进而帮助投资者做出理性选择；三是金融发展使资源得到更合理的配置和更有效的利用，提高投资的平均收益率；四是金融发展使实物财富可通过中介机构或证券市场进行交易和转让，以促进投资效率的提高。

如果政府管制贷款利率，银行对任何类别的贷款都不能收取超过七的利率。这个时候，根据银行的贷款预期收益率确定的贷款优先顺序就会产生很大的变化。因此当潜在的投资项目具有不同的质量时，严格的贷款利率控制将极大地扭曲投资资金的配置，从而对整体经济的投资效率产生影响。而利率市场化在综合评价项目的收益和风险的基础上，能使高风险高收益投资项目能够得到融资，可以极大地改善投资效率，促进经济增长。

（二）三种效应对农村经济的影响

为了更好地研究金融深化的三种效应对农村经济所带来的影响，本书将结合麦金农和肖的理论以及哈罗德—多马模型来建立金融深化对农村经济的作用模型。

随着农村金融体系的发展和实际利率的上升以及农村金融深化程度的加深，储蓄倾向和投资效率会得到增强，投资会相应增加，农村国民收入增长率随之提高。

（三）基于金融深化理论的作用机理逻辑模型归纳

结合以上分析，可以归纳得到基于金融深化理论的农村金融发展对农村经济增长作用机理的逻辑模型。

基于金融深化理论的农村金融发展对农村经济增长的作用机理可以归纳为信息不对称和交易成本产生了农村金融中介和农村金融市场，农村金融中介和金融市场的发展通过农村金融系统的规模、结构和效率来影响一国的金融深化，农村金融深化通过储蓄、投资和资源配置三大效应促进农村经济增长。

1. 农村金融深化的投资效应

（1）农村金融深化有利于农村金融市场的发展，而农村金融市场的发展可以促使农村金融工具和服务朝着多样化方向发展如此一来，农村金融市场不仅可以为农民提供更多的融资渠道，同时也为农民投资提供了更多的选择，实现了农村财富的迅速累积，

（2）农村金融深化还能够减少由于农村储蓄与投资者信息不对称带来

的问题。农村金融深化不但使农村金融产品更为丰富，服务效率提高，更是可以有效提高农村储蓄者的理财水平，从而减少由于信息不对称带来的问题。通常认为在一定储蓄量条件下，农村储蓄向投资转化的能力决定农村投资的质量和水平。农村金融结构是储蓄转向投资的一个重要中介力量，农村金融发展如果解决了农村储蓄者与资金需求者之间的信息不对称问题，就可以有效减少农村储蓄者面临的资金风险，从而提高储蓄资金向投资资金的转化率。

（3）理论上来说，金融中介和金融市场的发展能够使储蓄资源转化为投资的比率提高。金融体系首先吸收储蓄，然后投放资金随着农村金融体系的充分发展，会逐步降低储蓄转化为投资过程中所发生的信息成本和交易成本，从而促进农村经济增长。

2. 农村金融深化的资源配置效应

金融推动经济增长主要就是通过发挥金融的资源配置功能实现的，农村金融深化所带来的一个直接影响就是增加了农村金融的资源配置效应。在农村金融健康发展的情况下，农村金融体系能够通过评估、甄别和监督等有效的方式把资金配置到生产效率较高的企业或项目，从而使资本边际生产率提高，促进经济增长。金融中介收集信息的功能，可以有效解决交易双方信息不对称所导致的问题，使资金的使用效率得以提高，资金往来的风险得以降低。金融体系一方面为控制风险提供了途径，另一方面为投资者提供了风险分担和风险集中的机会。金融系统通过鼓励规避较大的高风险高收益投资来提高资本的边际生产率。此外，金融体系分散风险的作用也会带来技术创新。成功的技术创新虽然能带来巨大的利润，但同时也面临高风险。此时金融系统通过提供分散风险的渠道，鼓励技术创新，提高资本的边际生产率。金融深化的一个重要作用就是通过金融资源的优化配置和金融系统效率的改善促使资本边际生产率提高，从而促进经济健康稳定增长。

在农村资金的使用过程中，有些农业企业和农户有剩余的资金但是没有投资和消费选择，而同时又有一些农业企业和农户没有足够的资金进行投资和消费。一个有效的农村金融机制能够充分有效地发挥资源配置的作用，能够通过利率杠杆最大限度地将暂时闲置的资金配置到资金稀缺的地方以提高资金的收益率。通过农村金融中介的资金配置功能，可以提高整个农村领域的资金配置效率，促进农村经济增长。

3. 农村金融深化对储蓄率的影响

农村金融深化意味着农村金融市场更加发达、金融工具更多、金融产品更加丰富、储蓄利率更高，但这并不意味着农村金融深化必将导致农村储蓄率不断上升。事实上，随着农村金融深化，农村的储蓄率可能会出现下降的现象。因为，一方面农村金融深化为农民提供了更多的融资渠道，对比投资收益与储蓄收益，农民更倾向于扩大投资来增加财富；另一方面当前农民的资金来源渠道越来越丰富时，农民也就不再需要过多的预防性储蓄，如此储蓄将不再是农民的首要选择。

三、农村金融深化程度的衡量

从广义的角度来说，农村金融就是农村所有与货币资金相关的综合；从金融系统的角度来看，农村金融主要指的是农村的直接借贷、间接融资和资金融资三种金融融资模式。其中农村直接借贷主要包括民间集资、借贷、商业信用及各种标会等所从事的金融活动。农村直接融资主要指发行农业公一司债券、股票以及投资于农业公司债券与股票的投资基金等融资活动；农村间接金融主要指商业性、政策性银行，信用社、保险、信托投资、典当和融资租赁等金融活动。本书主要研究农村金融间接融资，包括商业性、政策性银行及农村信用社的活动。

对于农村金融而言，金融深化的表现主要体现在农村金融规模的扩大、农村金融结构的优化和农村金融效率的提高三个方面。

（一）农村金融规模

对于农村金融规模大小的评估可以从两个方向进行，即农村金融资产评估和农村金融相关率评估。理论上来说资产评估应当包括证券性金融资产、货币性金融资产和其他具有不同用途的专项基金。但是由于农村金融的发展尚处于起步阶段，这些数据很难统计，而且与城市金融市场相比，农村居民所拥有的各种证券、保险和基金更是少之又少。因此，本书主要采用金融机构的存款以及现金流量作为金融深化测算的依据。戈德史密斯（Goldsmith）常用金融—经济比率关系、金融相关率来描述金融发展的规模。随着改革开放的不断深入，农村经济快速增长，农村金融发展的规模迅速扩大。

（二）农村金融结构

随着人均收入的不断提高，金融相关率也会不断增加，集中体现在金融结构会随着人均收入的增长而出现一定的变化。对于农村金融而言，由于农村金融主要是以间接融资为主，因此对于农村金融结构的变化也主要从这一角度进行。

（三）农村金融效率

农村金融效率大致包括金融机构自身的经营效率和金融资源的配置效率两个部分，由于农村金融机构诞生的时间较短（政策性国家银行除外），因此目前很难准确地把握农村金融机构自身的经营效率。本书主要是从农村金融资源的配置效率对农村金融效率进行研究。农村金融资源的配置效率可以从存贷款之间的关系进行衡量。

四、基于金融深化理论的作用机理实证分析

（一）模型与数据

根据前文基于金融深化理论的农村金融发展对农村经济增长作用机理的理论分析得知，农村金融深化作用于农村经济增长的机理是，以农村金融规模、结构和效率衡量的农村金融深化产生储蓄效应、投资效应和资源配置效应，以促进农村经济增长。

（二）实证结果分析

根据上述实证研究结果，可以进一步综合起来分析。

（1）通过上述实证研究，可以发现投资、储蓄和投资效率对于农村经济增长有着十分明显的影响，相反，利率作为金融的核心要素，对于农村经济的增产影响并不是很大，由此可以看出利率在农村经济增长中的作用在逐渐的削弱。这在某种程度上和贝克曼提出的“向上金融抑制论”不谋而合。原因在于随着农村金融的发展，金融机构的多样化使得利率不再是农民进行投资的首要考虑因素，因此利率对农村经济的影响越来越小。

（2）农村金融深化规模指标对储蓄和投资有显著的正向作用。说明农村金融的不断发展有助于农村储蓄和投资水平不断地提高，进而推动农村经济的不断增长，进一步验证了农村金融对农村经济增长支持作用的存在。

（3）农村金融结构的变化对于农村的储蓄和投资有着明显的影响，说明农村贷款结构的变化有助于农村储蓄和投资的增加。虽然本书只是从农业贷款和乡镇企业贷款的方向对农村贷款结构进行了分析，但是也可以看出乡镇企业贷款的不断增加为农村提供了更多的投资选择，有助于进一步促进农村储蓄和投资的增加。

（4）农村金融发展规模对投资效率有显著的反向作用。说明农村金融发展规模的增加并没有提高农村投资的效率，所以农村金融发展通过投资效率以促进农村经济增长的作用路径不能成立。

（5）农村金融发展效率对于农村储蓄、投资和投资效率的影响并不明显，导致这一现象的原因可能有两个，一个是农村金融发展效率先天就不会对农村的储蓄、投资和投资效率产生影响，另一个则是目前农村金融发展效率较低导致其影响没有得以充分的体现。

综上所述，农村金融深化对农村经济增长的作用机理主要是通过农村金融发展规模的扩大来提高储蓄和投资水平以促进农村经济增长。其他作用路径不显著，尤其农村金融发展效率不高和农村投资效率不高，成为阻碍农村经济增长的重要原因。

第三节　基于内生增长理论的农村金融支持农村经济发展的作用机理

一、农村金融发展对农村经济增长作用机理的路径分析

（一）农村金融发展通过物质资本积累促进农村经济增长

对于农村金融对农村经济增长作用机理的路径，在多年的理论研究中，经济学家们意见基本达成了共识，即农村金融按照通过物质资本积累促进农村经济增长。农村储蓄和投资的增加也就意味着农村资本的增加，而资源的配置效应则决定了金融发展能够使得农村同等的投资可以获得更多的产出，如此农村金融的发展就能够通过推动农村物质资本积累的方式来促进经济的增长。一些学者从流动性风险和信息不对称等不同角度研究了金融发展促进物质资本积累、推动经济增长的原因、路径和效应。

1. 流动性风险与金融发展

Bencivenga 和 Smith 在 Diamond 和 Dybvig 模型的基础上，结合 Romer 的知识溢出模型，建立了一个将金融中介纳入内生增长框架中的内生增长模型。该模型主要是从个体投资者所面临的流动性风险的角度入手，分析了以银行为代表的金融中介所带来的资源配置效应和经济增长效应，实证结果表明，金融中介的数量和种类越多，经济增长率也就越大 Greenwood 和 Smith 在 Bencivenga 和 Smith 基础上，将中间产品生产技术作为基本假定条件，然后对银行、股票市场和经济增长之间的联系进行了深入的研究，研究结果任务金融体系能够在一定程度上消除经济主体所面临的流动性风险，进而促使更多的储蓄资金应用于生产性投资领域，避免了传统经济市场中经济主体因收益率较低的缘故提前将生产性投资变现的问题，这是金融体

系提高储蓄转化为投资的比率的一个间接体现。从这个角度来说，证券等签融机构越完善，它对经济主体规避流动性风险的作用也就越大，对经济增长的促进作用也就越强。

金融体系能够帮助经济主体规避流动性风险的基本原理是：如果金融体系不存在（金融中介与金融市场彻底消失），那么个体投资者在进行投资的时候出于流动性风险的考虑，将会更加倾向于投资那些流动性较强的项目，而对于以生产项目为代表的收益高、流动性差的项目则兴趣不高，这种情况下社会资金就会盲目地聚集在个别领域中，导致资源无法得到有效的配置。但是一旦出现金融体系，金融体系的运作下，资金就会进行整合，为收益高、流动性差的项目提供更多的融资机会，如此个体投资者的流动性风险就会组合在一起，大大降低了个人进行投资所面临的流动性风险，促使更多的社会资金用于非流动性资产和生产性资产上。

2. 信息不对称与金融发展

Greenwood 和 Jovanovic 将金融中介纳入内生增长模型，进一步分析了在信息不对称的大环境下金融中介与经济增长之间的关系。在该模型中，社会经济只存在两种生产技术，一种是安全性高但是收益较低的技术，另一种则是安全性较低但收益较高的技术。通过该模型，Greenwood 和 Jovanovic 得出了金融中介能够帮助社会经济生产技术消除技术风险，促使更多的社会资源配置到高收益项目。但是该模型只能给出分析金融中介与社会资源配置的关系，却无法肯定"金融中介促进经济"这一论点。Bencivenga 和 Smith 模型中的一个基本假定是经济主体的投资完全依赖信贷市场，然后根据信贷市场固有的信息不对称来对信息不对称与金融发展的关系进行了研究，研究认为在信贷配给存在的条件下，先进技术的改进会降低经济增长率，而落后技术的改进则会提高经济增长率。Bose 和 Cothen 模型中，贷款人不仅可以对借款人进行信贷配给，还可以进行风险评估，来甄别高风险借款人和低风险借款人。他们研究发现，只有当金融体系的发展水平达到一定程度时，金融部门的发展才能显著促进经济增长。

信息不对称是金融机构与金融市场存在的重要原因，也是金融深化的原因与动力。在风险性生产技术报酬不确定的条件下，相对于单个投资者而言，金融中介比金融市场更能有效地克服信息不对称问题。金融系统所具有的获得信息和进行风险分担的功能是金融发展能够改善资源配置的一个重要原因。

因此，从理论上来说，农村金融的发展可以解决农村家庭在投资中欧冠所面临的流动性风险和信息不对称等问题，通过增加农村储蓄、促进农村储蓄向农村投资转化以及提高投资效率等方式，有效地促进农村资本的积累，为农村经济的发展提供更多的资本支持进而促进农村经济增长。

（二）**农村金融发展通过技术进步促进农村经济增长**

一些经济学家认为，农业生产技术的进步是农村经济增长的一个必要前提，也是农村经济增长的直接体现，而农村金融发展则可以很好地促进农业生产技术进步，进而推动农村经济增长 King 和 levine 在熊彼特创新理论基础上通过建立内生增长模型来讨论金融系统与经济增长之间的关系研究认为，金融体系能够对企业家经营项目的能力、经营活动的风险、项目创新的利益前景进行评估，如此一来企业家就能够借助金融体系来对企业的发展进行调整，提高项目创新的成功率，而企业作为社会经济活动的主体，企业的发展越好，经济增长速度也就越快。

二、基于内生增长理论的作用机理逻辑模型

农村金融是金融的重要组成部分，与一般金融有着相似的特征，也有着自身的特点。综合上文分析及农村金融的特点，构建农村金融发展对农村经济增长作用机理的逻辑模型，图中上方虚框中表示农村经济增长的三大要素：物质资本积累、技术进步和人力资本积累，图中下方虚框中内容包括农村金融发展的三个方面。

从理论上讲，农村金融是农村经济运行的重要动力，信息不对称和交

易成本产生了农村金融中介和农村金融市场；金融中介和金融市场的发展通过农村金融系统的规模、结构和效率来影响一国的金融深化；农村金融发展能够通过储蓄效应（既有水平效应，又有增长效应）、投资效应和资源配置效应推动物质资本积累、人力资本积累和技术进步，物质资本积累又具有正的外部性以推动人力资本积累和技术进步。通过储蓄、物质资本积累、人力资本积累和技术进步共同作用，促进农村经济增长。

三、考虑制度因素的作用机理逻辑模型

前面研究农村金融发展对农村经济增长的作用机理，主要以金融深化理论和内生经济增长理论为基础，但是没有充分考虑制度和政府在其中所起的作用。而经众多学者的研究，制度因素在经济增长中起着重要的作用，农村金融发展促进农村经济增长也需要充分考虑制度因素的作用。

20 世纪 70 年代前后，旨在解释经济增长的研究受到长期经济史研究的巨大推动，最终把制度因素纳入解释经济增长中来。美国经济学家道格拉斯 · C 诺思在研究中重新发现了制度因素的重要作用，他的新经济史论和制度变迁理论使其在经济学界声名鹊起，成为新制度经济学的代表人物之一，并因此获得了 1993 年度诺贝尔经济学奖。制度的构成要素主要是：正式制约（例如法律）、非正式制约（例如习俗等）以及它们的实施，这三者共同界定了社会的尤其是经济的激励结构。所谓的制度变迁是指一种制度框架的创新和被打破。诺斯在《西方世界的兴起》里，认为制度因素是经济增长的关键，一种能够对个人提供有效激励的制度是保证经济增长的决定性因素，其中产权最重要。“一个有效率的经济组织在西欧的发展正是西方兴起的原因所在”。

以托马斯 · 赫尔曼、凯文 · 穆尔多克和约瑟夫 · 斯蒂格利茨为代表的经济学家于 20 世纪 90 年代末针对发展中国家的国情提出了“金融约束论”。金融约束论认为政府通过实施一系列金融约束政策可以促进金融业更

快的发展，从而推动经济快速增长，其隐含的前提是政府可以有效地管理金融业，或者说政府可以解决市场失灵问题。金融约束的本质是：政府通过一系列的金融政策在民间部门创造租金机会，即取得超过竞争性市场所能产生的收益的机会，这种租金能够促进市场更好地为经济发展服务。该理论的核心观点是：提供宏观经济环境稳定、通货膨胀率较低并且可以预测的前提，由存款监管、市场准入限制等组成的一整套金融约束政策可以促进经济增长。该理论强调了政府干预的重要作用。

20世纪90年代后，不完全竞争市场理论被运用到农村金融理论分析。按照该理论的基本分析框架和逻辑，发展中国家的金融市场是一个不完全竞争的市场，贷款方（金融机构）对借款人的情况无法充分掌握，完全依靠市场机制无法培育出社会所需的金融市场。为补救市场失效部分，有必要采用一些非市场要素，政府应成为市场的有益补充，比如适当介入金融市场和借款人的组织化等。政府对农村金融市场的监管应当采取间接的调控机制，依据一定的原则确立监管的范围和标准。在农村金融发展初期，有必要进行一定程度的保护和管制措施，以促进农村金融机构与市场迅速发展。因而在研究农村金融发展对农村经济增长的作用机理时需要充分考虑制度因素。

第八章　农村金融面临的困境及成因分析

第一节　农村金融发展现状

从世界各国的农村金融体现的建立与发展历程来看，无不与农村的经济体制有着密切的联系，这也反映出了经济是金融发展的基础。中国农村经济主体的单一化导致农村的金融需求也呈现出单一化的特点，体现为农村金融等同于农村信用社。在改革开放之后，农村经济朝着多元化的方向发展，多种经济成分并存的结构推动了农村金融结构也逐渐地多样化，但这并不意味着农村金融体系已经完善。相反，与农村经济发展速度相比，农村金融改革与发展远远的落后，说明目前中国农村金融体系与经济发展体制尚不协调。

一、农村金融需求现状

（一）农户的金融需求

作为农村金融的借贷主体，农户的生产和生活状况决定了农村社会经济发展的基本走向，因此农户的金融需求直接决定了农村金融发展。

不同的农户在金融需求上是存在一定的差异的，其中收入水平是决定农户金融需求的主要因素。为了解决农户的额外支出，增加农户的收入，政府自改革开放以来始终将提高农村社会保障覆盖率作为工作的重心，然后在实际中农村仍旧普遍存在着医疗覆盖不全面、教育费用增加、养老金不到位等问题，这些问题增加了农户的额外支出，使得农户对于闲置资金的处置往往选择储蓄而不是投资。值得注意的是当前农村的融资需求并不是很强。原因在于两个方面：一个是以银行为代表的正规金融机构为农户提供的金融支持成本较高、周期较长且约束下较大，农户对于正规金融机构的金融需求并不是很强烈，在小额信贷上更倾向于民间借贷；另一个则是农村经济发展道路至今不明确，很多农户只能给以来农产品生产来增加财富，这种财富获取方式盈利空间较小，收益时间长，也在一定程度上挫伤了农户的金融需求。

（二）农村企业的金融需求

不同于乡镇企业，农村企业主要指的是使用一定的劳动资料，独立经营，自负盈亏，从事商品性农业生产以及与农产品直接相关活动的营利性经济组织，它既包括以土地为投入要素直接经营农、林、牧、渔的经济组织，也包括农业产前、产中、产后各环节的加工、服务等相关活动的企业。虽然说与乡镇企业相比，农村企业规模较小，发展速度较慢，但是作为将农产品转化为经济收益的关键环节，农村企业对于农村经济发展有着极大的意义，再加上农村企业较之农户需要更多的资金支持，因此农村企业的金融需求也不容忽视。目前中国农村企业主要有三种类型，即农业龙头企业、农村专业化合作组织、农村资源型小企业，三种企业的特点不同，金融需求也有所差别。

农业龙头企业是三类企业中最为成熟的企业类型，主要承担着农产品的深加工和销售工作，良好的发展前景使得这类企业成为金融机构追逐的对象。但因为这类企业能够整合农村生产资源，提供大量的就业岗位为这类企业创造良好的发展环境，政府为其提供政策资金支持。对于这类企业而言，稳定的农产品来源和稳定的客户群体使得这类企业的金融需求并不是很强。

农村专业化合作组织是农村中最为常见的一种企业类型，他是农户自发组织的一种企业类型，资金也主要来源于成员提供的资金，因此农村专业合作组织对于资金的需求较大。但是由于农村专业化合作组织主要以农业生产为核心，缺少对农产品的后续利用，因此不仅投入周期较长，而且收益率较低，金融机构对这类企业并不是很热衷。

农村资源型小企业是目前农村企业的主体，与农业龙头企业和农村专业化合作经济组织相比，这类企业的最大特点是得到了乡政府的大力支持，原因在于这类企业利用本地区的资源生产居民所需的日常生活用品，对地区经济有着极大的促进作用。但是由于农村资源型小企业所面向的市场基本上处于完全竞争状态，因此经营风险较大，金融机构对其放贷也十分谨慎，导致农村资源型小企业不得不借助民间借贷解决资金问题，而民间借贷较高的利率加大了企业的生产成本，限制了企业的发展。

不同的企业类型农村金融需求不同，同类企业在不同的发展时期金融需求也是不仅相同的一般来说，在企业的成立初期，由于产品市场没有完全打开，企业产品给企业带来的利润有限，这种情况下企业的金融需求较大，但是由于企业的未来发展前景不明朗，因此很难从正规金融机构中获得资金支持；在企业的发展阶段，企业产品已经初步被市场接受，也有了可用于抵押的资产，但是这一阶段的企业大多处于收支持平状态，因此企业的金融需求也较为强烈，但是正规金融机构对这个阶段企业的支持也十分有限，在没有政府担保的情况下企业从正规金融机构借贷的概率十分小；在企业的成熟阶段，产品市场培育成熟，利润空间较大，可用于抵押的资产较多，企业的金融需求也主要集中在扩大企业规模上，较之前两个阶段金融需求的强度大幅度下降，而正规金融机构对于这类企业的支持力度较大，使得企业比较容易从正规金融机构中获得资金支持。

（三）政府对农村支持的金融需求行为

政府对农村支持导致的金融需求行为其实更多的可以理解为农村社会

发展对社会公共产品的需求。主要包括四个层次，一是农村基础设施建设，二是农业基础设施建设，三是农业科技创新发展需求，四是贸易流通建设。与城市相比，农村的基础设施极为薄弱，而不断发展的农村经济又对基础设施提出了更高的要求，这种情况下政府的财政支持极为有限，只能够依靠金融机构来发展农村社会公共产品。具体来说，不同的农村社会公共产品金融需求也不尽相同。

农村基础设施包括农村道路、住房、能源、水利、通信、广播电视网络等的改造和新建。这是农村社会公共产品的主体，主要特点是需求量大，资金使用周期长，回报率低甚至无回报率。农村基础设施建设主要由政府来完成，但是单纯依靠政府财政支持，农村基础设施建设基本上不可能完成。据估计，以城市基础设施为标准的话，需要政府每年投入近百亿元。因此农村基础设施的金融需求是政府对农村支持中最为强烈的一部分，但是资金使用周期长、收益低的特点使得金融机构并不愿将资金投入这一领域。

农业基础设施主要包括提高农业生产的基础设施建设如农村生产基地的改造、农村土地的保护和治理等。当前，推进社会主义新农村建设正在稳步进行，农业基础设施建设必须跟上步伐，而各个项目的建设都亟须金融机构的投入。当前，我国正在培育星火龙头企业，加快科技创新的步伐，资金需求量很大，除了中央财政的支持外，需要金融机构的介入。

农业科技创新发展主要包括农业生产技术的研发，这类社会公共产品金融需求强烈，但风险高，收益无法得到保障，因此很难得到正规与非正式金融机构的支持。当然，由于目前中国农村正处于经济建设的关键时期，农业科技创新发展的地位较低，金融需求并不是很迫切。

贸易流通建设是打造农村经济动脉的关键要素，主要以寻找上下游合作企业为主，由于并没有直接涉及生产领域，因此贸易流通建设的金融需求并不强。

综上所述，中国农村金融需求主要呈现在两个特点，一是资金需求量大，这点从三个农村金融需求主体对农村金融的需求可以看出，农业产业化龙头企业、农村专业化组织等对金融需求极大。随着农村经济的发展、农民消费观念的改变，农户在住房、子女教育等生活性的消费需求明显增加，对生活性的金融需求随之加大，加之农村正在进行农村基础设施建设、农业基础设施建设、科技创新发展，金融机构的支持变得尤为重要。二是资金需求多样化，中国农村经济的建设，需要投入大量的资金。这仅仅依靠财政支持是不够的，必须依靠金融机构的在财力和人力上的支持。

二、农村金融供给现状

农村金融供给与农村金融需求是相对的，需求高于供给将会导致农村经济发展缓慢，原因在于金融需求无法得到满足，农户和农村企业也就无法得到足够的资金支持，而金融供给高于需求则会导致资金溢出。而纵观农村目前金融供给主体主要包括正规金融体系和非正规金融体系两大部分，其中正规金融体系由合作新金融、商业性金融、政策性金融，非正规金融体系则包括村镇银行、小额信贷公司等金融机构。

（一）合作性金融机构的金融供给

在农村金融体系中，农村信用社是最具有代表性的合作性金融机构，也是与农户有业务往来关系最多的金融机构，农村信用社覆盖全国的各个乡镇，是农村金融供给的主力军，自成立以来，农村信用社有力地支持了全国农村金融与经济的发展。

随着中央政府对农村经济的重视度不断提高，也采取了各种措施加大了支农投入，而农村信用社作为农村金融供给的一股重要力量，也在不断地加大对农村经济的支持。

（二）商业性金融机构的金融供给

商业性金融机构是农村金融体系中出现最早的金融机构，虽然说与合作新金融机构农村信用社相比，商业性金融机构并没有将农村金融市场作为主要的发展目标，但是商业性金融机构丰富的金融实践经验与庞大的资金使得其成为农村金融市场中不可或缺的一环。具体来说，目前农村商业性金融机构主要有中国农业银行和邮政储蓄银行。

1. 中国农业银行

中国农业银行是中国四大银行之一，也是中国金融体系的重要组成部分，中国农业银行成立的初衷就是解决农村经济金融支持不足的问题，虽然自 1995 年以来中国农业银行逐渐实现企业化经营，经营的重心开始逐步转移到收益率更好的城市金融市场，但是农村金融仍旧是中国农业银行关注的重点，对于农村企业中国农业银行给予了很大的支持，有力地推动了农村经济结构的优化。当然，随着中国农业银行战略重心的转移，其支农投入也在不断减少。

2. 邮政储蓄银行

根据银监会在批准邮政储蓄银行开业的文件，邮政储蓄银行的市场定位是利用自身网点分布优势，主要经营金融零售业务，为城乡居民提供基础的金融服务。目前中国邮政储蓄银行拥有 130 个市分行、510 个县支行，分支机构 1.2 万个，从业人员近 8 万人。近 2.5 万个邮政储蓄网点遍布全省城乡，其分布密度仅次于农村信用社的网点数目。然而在农村却是一直扮演着“抽水机”的角色，即只吸收存款，不发放贷款。邮政储蓄银行在农村吸收的大量存款主要上缴给中国人民银行，由中国人民银行支配使用，中国人民银行将这部分资金部分用于购买国债，部分通过国有商业银行房贷，大部分被国有企业占用，只有很少数的资金返还到农村金融领域，导致邮政储蓄银行成为农村资金流出的重要渠道，加剧了农村金融供需的不平衡。

（三）政策性金融机构的金融供给

政策性金融机构顾名思义是由政府设立，以贯彻国家政策为目的，不以盈利为目的的一种金融机构，中国农业发展银行就属于政策性金融机构。在实际中，中国农业发展银行的主要资金来自中国人民银行的再贷款，主要承担着办理农副产品相关业务的职责入专项储备贷款、收购贷款，同时发放少量的政策性金融债券。自成立以来，中国农业发展银行作为支持农村金融政策发展的主要力量，对于农村金融体系的完善与经济的发展有着重要的意义。农业发展银行仅仅承担了主要粮食作物的相关贷款业务，其与农村和农户并没有形成直接的借贷关系，业务的局限性极大地限制了农业发展银行功能的发挥，总体来说，其对农村经济增长贡献十分有限。这样的局面带来了极大的副作用，一方面影响了农业银行的商业化改革和进程，另一方面也不利于农业发展银行发挥促进农村经济发展的政策优势。

（四）农村非正规金融机构的金融供给

非正规金融机构是一种正常的金融现象，非正规金融是与正规金融相对的一个概念，两者的主要区别集中在正规金融是受到政府的管制，而非正规金融则在不违背法律政策的前提下不受到政府的直接管制。目前由于中国农村金融市场不成熟，农村存在大量的非正规金融机构，以村镇银行、小额信贷公司为主。非正规金融机构盛行于农村是由多个因素共同决定的，一是农村居民较之城市居民贷款的一个主要特点就是金额小、期限短，而正规金融机构涉及的大多是长期的大额贷款，与农户的实际需求不符，因此农户逐渐将贷款目光转向非正规金融机构；二是正规金融机构的借贷手续烦琐，急需资金的农户无法接受长期的借贷资格审查，因此通过非正规金融机构来完成融资目的。农业生产先天就具有收益低、回报时间长的特点，因此正规金融机构对农户贷款始终是慎之又慎，而非正规金融机构虽然利率较高，但是审批迅速，因此越来越多的农户选择非正规金融机构。事实上，农村目前非正规金融机构的盛行的根本原因是正规金融机构的金融供给不足，而非正规金融机构的存在则很好地弥补了正规金融机构在这方面的不足。

1. 村镇银行

与银行等正规金融机构相比，村镇银行属于一级法人机构，具有独立的民事行为能力，而农村的中国农业银行、邮政储蓄银行等都是分支机构，并不具备独立的民事行为能力。村镇银行出现的初衷就是为了弥补当时农村信用社和邮政储蓄银行只存不贷的不足，解决农户和乡镇企业的小额贷款问题。自沭阳东吴村镇银行出现以来，当地非正规金融机构得到了一定的约束，在村镇银行的带领下，农户和乡镇企业的资金困境得到了缓解。之后，全国各地先后涌现了多家村镇银行，标志着中国农村新型金融体系建设的进步。

村镇银行近年来的迅速发展似乎为农村金融发展提供了一条全新的途径，但是在农村金融发展的背后也不能忽视村镇银行本身所固有的缺陷。原因在于村镇银行的成立是建立在乡镇经济基础之上的，而村镇银行又以乡镇企业和农户作为主要营业对象，这就决定了村镇银行无论是资金来源还是业务范围都较小，抵御风险能力极差，再加上其他金融机构的竞争，村镇银行的发展前景并不容乐观。

2. 小额信贷公司

小额信贷组织是农村一种新兴的金融机构，一般来说，小额信贷公司普遍缺少“官方”色彩，大多是私营企业，这类组织与其他金融组织相比最大的特点就是审批流程简单，贷款数额较小，因此成为一些急需资金的农户的首要选择。但是小额信贷组织能否成为一种普遍的农村金融机构仍旧有待观察，原因在于有限的资金导致小额信贷组织的贷款规模有限，利润空间较小，发展速度缓慢，较高的利率又造成了除非是处于资金极度困难的情况下，否则农户并不倾向于选择小额信贷组织，再加上信贷技术匮乏、风险意识淡薄、监管缺乏等问题，小额信贷组织的未来发展还有很长的路要走。

3. 农村互助资金组织

农村资金互助组织是指经银行业监督管理机构批准，由乡镇、行政村农民和农村小企业自愿入股组成，为社员提供存款、贷款、结算等业务的社区互助性银行业、金融业务组织，实行社员民主管理，以服务社员为宗旨，谋求社员共同利益。农村互助资金组织作为新兴的金融机构，能够实现与农村信用合作社的优势互补，弥补当前农村金融中存在的资金供给不足的问题。农村互助资金组织的建立，补充了我国正规金融的供给缺口，满足部分农户的资金需求，与此同时，农村互助资金组织较为清楚地掌握了农户信息，能有效地规避道德风险。农村互助资金组织这一非正规金融机构相对于其他的金融机构更能够方便百姓，弥补农村正规金融供给不足的局面，是农村经济发展和农民增收的重要力量。当前，农村资金合作组织发展的时间短，还有很多问题需要解决，如组织中农民入社行为短期化，组织互助功能不强、自我管理能力弱，激励约束机制缺失等。实现农村资金合作组织的长期发展，一方面需要创造良好的外部条件，包括完善的法律约束，良好的政策环境，规范的金融体制；另一方面完善内部结构，提高管理能力，建立完善的激励约束机制。

综上所述，目前中国农村金融供给主要呈现出以下几个特点：

第一，正规金融机构的金融供给逐渐下降，对农村经济增长的支持度有所降低。这是由农村金融目前盈利空间有限，正规金融机构大多选择吸收农村储蓄，然后将资本转入城市金融市场所决定的。但是作为农村金融体系的核心，正规金融机构的金融供给在农村经济增长中仍旧具有举足轻重的地位。

第二，非正规金融机构近年来金融供给逐步上升，在农村经济增长中扮演了越来越重要地位。尤其是非正规金融机构的灵活便捷的特点很好地解决了农户对小额信贷资金的需求问题。但是非正规金融机构起步较晚，加之激烈的竞争环境，非正规金融机构的未来发展前景不容乐观，其能否成为农村金融供给的主力军有待考量。

第二节　农村金融发展面临的困境

一、农村商业性金融存在的问题

（一）商业性金融脱离农村市场严重，供给主体数量较少

从第一节的分析可以看出，由于目前我国农村金融尚处于起步阶段，

再加上农业生产的投资回报率较低，投资风险较高，因此我国商业性金融机构逐渐放弃了对农村经济的金融支持，纷纷采取从农村抽调资金然后转移到城市的做法。这种行为使得农村的资金压力更大。总体来说，目前中国农村商业性金融机构十分匮乏，仅仅存有一些因政府政策的商业性金融机构如中国农业银行等，农村金融供算主体较少是农村金融发展不容忽视的一个重要问题。

（二）**农村商业性金融缺位、越位**

中国是从计划经济逐步过渡到市场经济的，这种独特的经济发展历程决定了中国农村商业性金融机构并不是随着农村经济发展到一定程度自发出现的，而是国家为了农村经济发展的需要，以行政手段建立起来的。这种成立方式造成了农村商业性金融先天就对农村金融市场缺少足够的了解，体现在农村金融体系中为商业性金融机构与其他金融机构业务交叉现象严重，商业性金融机构与农村经济联系十分薄弱，存在随时“抽身而走”的可能性，商业性金融机构的业务并不符合农户的实际金融需求。

（三）**金融产品单一，缺乏创新**

和城市较为完善的金融服务相比，农村金融产品单一，而且缺乏创新。目前，我国农村金融市场的大部分金融业务仅限于存、贷款，金融产品基本没有。农村金融机构金融创新缺乏动力，主要有以下原因：

农村金融市场垄断，没有创新的动力。农村信用社承担了全国大部分地区的农户和农村中小企业贷款，这种一支独大的局面，造成了农村信用社没有动力进行金融产品和金融服务的创新。农业发展银行作为政策性金融机构，并没有自己独立的利润和收益。农业银行虽然把“服务三农”作为发展的宗旨，但是其业务在农村地区不断萎缩也是事实。农业银行在一定程度上承担了农村政策性贷款，但也仅仅是为了完成任务，因此没有进行金融创新的动力。

二、农村政策性金融存在的问题

（一）政策性金融体系不健全，经营业务单一

政策性金融的一个基本任务就是为国家政策的推行提供金融支持，这就决定了农村政策性金融经营业务范围相当狭小。例如中国农业发展银行，作为中国唯一一家农业政策性银行，中国农业发展银行的业务范围主要集中在粮棉油的收购上，如此一来政策性金融支持经济增长的作用就无法得到充分发挥。

（二）政策性资金使用效率不高

农业发展银行的资金主要用于支持农产品生产和粮棉油产品的收购，发放的贷款却难以收回。主要原因是农发行投入的资金往往挤占、挪用，农业生产资金转向非农领域银行贷款无法收回，形成了各类坏账。合作金融是合作经济的一种我国目前的农村合作金融组织主要有农村资金互助合作社、农村信用社、合会、合作基金会等组织。

三、农村合作性金融存在的问题

（一）法律主体地位缺失

一般来说，金融体系成熟的一个重要标志就是国家拥有大量的法律法规对金融组织进行规范，目前中国的金融法律法规更多的是站在全国金融体系发展现状的高度上制定的，忽视了农村金融发展的特殊性，缺少针对农村金融的法律法规。这就导致了农村合作新金融机构至今无法得到法律上的认可和保障，关于合作性金融机构的职能和性质也一直未能明确，不仅影响合作金融的支农效果，而且也造成其发展面临困境。

（二）背离了合作性的原则

农村合作性金融机构是农户自发成立的，理论上来说除了金融机构的成员，在不违背法律法规的情况下合作性金融机构不应当受到其他个体或

者组织机构的干预。但事实上，中国农村合作性金融机构自成立起就受到政府的干预，组织的成立也不是农户自愿形成的，而是在政府的有意引导下出现的，如此一来合作性金融机构就成为国有化组织，造成合作性金融机构的产权模糊。

（三）较高的准入门槛

为了弥补农村地区金融供给不足的问题，银监会颁布了《农村互助合作社管理暂行规定》。其中规定："在乡镇设立农村资金互助社的，注册资金不得低于30万人民币，而且要有符合任职资格的理事、经理和从业人员。"较高的设立门槛和严格的审批手续，使得农村资金互助社的发展受到影响。

四、民间金融存在的问题

中国民间金融虽然发展迅速，有效地弥补了农村正规金融机构存在的一些不足，但是它的问题也是不容忽视的。

（一）市场利率普遍较高

正规金融供给的不足导致农村资金需求极为紧张，这种情况下民间金融成为农户和农村企业的融资选择，而民间金融机构也抓住这一机遇纷纷提高借贷利率，较高的借贷利率不仅增加了农户和农村企业的生产成本，同时也对农村金融的健康发展造成了一定的影响。

（二）发展不规范，不利于国家的调控

民间金融一直处在国家的监管之外，管理较为混乱，发展不规范。由于其发展方向一直不受掌控，常常会干扰国家的宏观调控。同时，民间借贷较为混乱，缺乏完善的风险管理机制。

第三节　农村金融发展面临困境的原因

一、政策性金融支持有限

农业虽然是第一产业，是国民经济的基础，但是这并不能帮助农业摆脱在三大产业中处于弱势地位的局面。事实上，无论是发展中国家还是发达国家，解决农业问题的主要手段都不是降低农业生产成本，而是通过国家关于如农业补助、政府免税、社会资金倾斜等来解决农业问题。由此可以看出，作为国家政策的主要推动力——政策性金融机构对于农业发展具有十分重要的意义，政策性可以说是世界各国普遍运用的基本符合 WTO 协议要求的重要支持手段，其本质是准财政，是财政与金融手段的有效结合。

中国农业发展银行的业务范围仅仅集中在粮棉油领域，对其他领域的涉足十分有限，哪怕是中国农业发展银行的主要业务——粮棉油贷款，也仅仅是针对国有粮棉油收购企业，其他的中小型私有企业难以获得农业发展银行的资金支持。

中国农业发展银行对农村经济增长的政策性金融支持作用无法得到充分发挥与它的资金来源有着密切的关系。自成立之初，国务院就规定农业发展银行的资金来源渠道包括：资本金、业务范围内开户企事业单位的存款、发行金融债券、财政支农资金、向中央银行申请再贷款、境外筹资等等。

二、农信社改革困难，难以发挥支农主力军作用

农村信用社作为农村主要的金融机构，是农业和农村经济发展的主要

资金来源和联系农民的金融纽带。尽管农村信用社的机构网点基本上覆盖了整个农村区域，并且处于几乎垄断的地位，但在商业化改革导向的影响下，农村信用社同样为追求自身利益最大化而选择性地发放贷款，表现出严重的“非农化”和“城市化”倾向，一般农户获得贷款的可能性也大大降低，就使得农户从信用社得到的贷款与农户储蓄极不相称。并且农村信用社由于自身产权不清、法治结构不完善和结算手段落后，电子化程度低等技术因素的约束，组织存款、开拓业务的能力难以提升，存款增量大大落后于邮政储蓄等机构，也或多或少地影响了其提供有效金融服务的能力。

近年来，农村信用社由于自身面临诸多问题，在支农道路上举步维艰。

其一，服务三农一直是农村信用社的法定目标和历史使命，但由于我国农村信用社先天“合作性”的缺失，以及农村信用社与农业银行脱钩后，各级农村信用社作为独立法人在盈利动机的驱动下，把资金更多地投向获利机会较大的乡镇企业、个体工商户，甚至还出现了中西部地区农村信用社把从农村吸收的存款投向经济发达的东部和东南沿海地区，使原本就短缺的农村资金不断外流。

其二，农村信用社历史债务包袱沉重，不良资产较多，对于农业支持也是有心无力。

其三，民主管理与内部人控制之间的矛盾。由于我国农村信用社行政色彩重于合作色彩，民主管理缺乏制度基础。在内部看，农信社的经营管理大权集中在主任一人身上，产生严重的“内部人控制”现象。这就容易使农村信用社的经营目标变成农村信用社职工的利益最大化或领导层少数人的利益最大化，在业务经营上偏离了主要为社员服务的宗旨，跨社区和非社员的信贷业务占有极大比重。加之在有些地区，农村信用社受乡镇地方行政干预较多，缺乏经营的自主性，支持了一些重复建设、盲目建设项目，造成信用社不少呆账贷款，严重影响了其经营利润。

随着农村信用社改革整顿、机构网点进一步减少，一个信贷人员服务于几百甚至几千家的农户，方圆十几公里的区域，服务很难到位。所以，在商业银行在农村收缩战线、政策性银行功能缺位的情况下，农村信用社由于其自身先天不足，难以有效支撑“三农”经济发展。诸多因素导致农村信用社无力提供农村经济主体所需要的金融服务，农村经济的进一步发展，迫切需要多样化的金融服务现行的农村信用社改革已经取得了阶段性的成果，但仍然存在一定的困难，一定程度上阻滞了我国农村经济的发展。因此，农村信用社仍需改革来促进发展。

三、邮政储蓄的“虹吸”效应，削弱了金融支持的力度

邮政储蓄以与其他商业银行和信用社相同的利率吸收存款，然后以较高的利率转存人民银行邮政储汇局保持着“只存不贷”的经营状况，并且储蓄资金转存央行，就相当于是投资于无风险金融产品，没有任何风险，邮政储蓄可以稳赚利差收入。因此只要增加存款，就有利润，积极性很高，因而邮政储蓄存款规模迅速扩张。多年来，邮政储蓄凭借其得天独厚的政策因素，尤其是在农村合作基金会被清理整顿和国有商业银行大量撤并在农村的机构网点后，利用其遍布城乡的营业网点，以及便捷、快速的邮政汇兑系统优势，采取各种手段抢占市场，大量吸收储蓄存款，邮政储蓄存款的增长历年均高于银行和信用社等其他金融机构的储蓄存款增长率。

邮政储蓄吸收的存款，大约有2/3来源于农村地区。我国农村经济的发展对信贷支农有较大的需求，随着农业银行在乡镇网点的减少，这种需求主要由农村信用社来解决，但由于邮政储蓄快速增长，直接削弱了农村信用社的支农能力。邮政储蓄“只存不贷”的功能分流了大量资金，造成地方资金的“失血效应”，加剧了农村金融中的资金供求矛盾。

四、非正规金融机构发展的不规范

农村非正规金融组织和民间借贷活动是金融制度的信贷供给不能满足

农村经济发展的需求而不断内生出来的。由于农村正规金融机构的不发展，便给了农村非正规金融生存的空间。比如农村信用社的垄断经营使得农村资金供求矛盾突出，于是农民只能更多地依赖处于地下的非金融渠道融通资金，各种标会、台会、摇会、私人钱庄等便纷纷涌现。虽然政府一再禁止与取缔，但在很多地区仍或明或暗地存在。不可否认，非正规金融在扩大农村生产资金、活跃农村金融市场、提高农村金融效率、促进农村个体私营经济发展等方面的确是起到了积极作用，比如20世纪80年代产生的农村合作基金会，曾红极一时。但是由于其违规经营、高息揽储，缺乏必要的管理和相应的规范，发展过快出现了一些问题，扰乱了金融秩序，并危及金融稳定。

首先，民间借贷大多是建立在个人信用基础之上的，但由于农民收入增长缓慢，农村民间借贷市场风险加大，违约率高，民间信用状况恶化。许多民间借贷关系特别是用于个人生活的消费性借贷，碍于情面而没有履行必要的法律手续，比如有的借贷根本就没有签订书面的借款合同，只是以口头上的合同形式实现借贷关系，借贷关系尚未法律化；有的即使是签订了书面合同，但合同要素不全，或违反国家有关政策法规，如利率过高、借款用途不当，致使合同部分无效或全部无效，使借贷关系得不到法律有效保护。有的民间借贷双方虽然签订了合约，但债务人没有可靠的资金做保证，遇到天灾人祸，受损失的往往是债权人，易形成纠纷，造成治安秩序混乱，引发社会矛盾，一定程度上扰乱了社会正常秩序，破坏社会的稳定。

其次，民间借贷严重扰乱了社会资金的合理配置和使用，影响了国民经济的正常发展。民间借贷一般都伴有高利润诱惑，存贷利率普遍较高，往往是正规金融组织的数倍，一方面使得借款单位的生产经营成本上升，竞争力下降，影响了农村经济主体的发展后劲；另一方面导致资金分配畸形，干扰了国家正常的金融秩序。同时，民间借贷中的一些非法借贷行为，以高息、罚息等手段截走正常经济部门的资财，使这些经济部门的生产和经营受到干扰和阻碍，造成国家财政收入和地方经济部门收入严重流失，使税收短缺，财政收入减少。民间借贷资金投向由于不受任何部门的控制，在信用社体外循环，使金融宏观调控力量削弱，影响了国家制定正确的宏观金融政策，加大了国家宏观调控的难度。

最后，民间借贷还存在较大的金融风险。民间非正规金融组织基本上属于零打小敲，在地下或半公开状态下活动，良莠不齐，有些具有良好的信誉和运行机制，有些起初运行较好，但因种种原因信誉急剧下降，有些则从一开始就属于非法集资，经营者携款潜逃的现象时有发生后者虽为少数，但却严重扰乱了金融秩序，影响了金融稳定，也给本不富裕的农民带来财产损失。

五、外部环境影响了农村金融的发展及对农村经济的支持度

第一，涉农法律的制定落后于农村经济发展，限制了农业投融资。一是有关涉农贷款抵押物问题还未纳入《物权法》范畴二是相关的《农业投资法》《农村金融服务促进法》《民间借贷法》等尚未制定。

第二，缺乏抵押物，因为银行不愿接受农村客户提供的抵押品，且双方在估价上存在很大差距，即使银行接受了这些抵押品，也很难找到一个合适的拍卖市场去处理。

第三，缺乏比较完善的风险管理控制体系。农业是弱质产业，自身投入高、产出低的特征决定了其具有高风险性，追求利润最大化的商业性金融部门自然不愿意投入过多，而带有一定政策性色彩的金融支农贷款，也缺少相应的风险补偿机制，产生的风险几乎全部由金融机构自身来承担。

第四，在金融领域，信用可以说是全部金融行为发生的前提，而我国由于受长期计划经济的影响，对信用观念的宣传力度不够，农村居民普遍信用意识不强，逃废债现象严重，使得农村金融市场的信用缺失严重。此外，农村合作基金会的倒闭也给农村的信用环境带来了负面影响再加上地

方政府的保护主义行为，受眼前利益的驱使，助长了农户和农村企业不讲信用的行为，在一定程度上也恶化了农村信用环境，使得发放出去的贷款不能及时回收，导致了涉农机构发放贷款的积极性。

此外，农村信贷市场的比较效益长期低于城市信贷，且农村信贷市场的信息不对称现象相对于城市，商贷款而言更为严重，就必然产生“挤出效应”。在利益驱动下，就将使得银行“贷农不如贷工，贷小不如贷大”，并促使机构网点向效益高的地区转移，这也是近年来银行机构纷纷从农村撤销、紧缩银根的根本原因之所在

总的来说，由于二元经济结构的长期制约影响，我国农村经济发展水平严重滞后，城乡金融资源配置不平衡，农村金融体系不完善，体制机制不健全，机构功能不完备，基础设施不配套，扶持政策不到位，农村金融市场风险比较高，农户融资难现象十分突出。虽然近年来我国农村金融改革步伐加快，农村金融服务正在发生积极的变化，但由于多种原因，相对于城市金融而言，农村金融改革启动迟、进展慢，仍然存在一些深层次的矛盾和问题。农村金融服务还不适应新农村建设和构建和谐社会的需要。农村地区银行业金融机构网点覆盖率低，金融供给不足、竞争不充分等问题，已经成为制约农村经济发展的重要瓶颈。这些问题的存在，使得我国的农村金融成为整个金融体系的瓶颈和短板，难以满足农村金融需求的多样化，难以满足农村经济多层次的发展需要，难以满足社会主义新农村建设的需要。

第九章　构建完善的农村金融组织体系

第一节　农村金融体系理论述评

理论指导实践，构建完善的农村金融组织体系应当以成熟的理论研究为依据。因此，因此，本章第一节首先对农村金融组织体系予以理论分析和相关研究述评，具体内容包括分析农村金融组织体系的含义与构成，农村金融体系改革的重要意义以及农村金融组织体系优化的基本内涵。

一、农村金融组织体系的含义及构成

农村金融组织体系的含义有广义和狭义两种解读方式，从狭义的角度来看，农村金融组织体系指的就是农村金融组织，即以农村金融为主要业务的金融机构；而从广义的角度来看，农村金融组织体系包括农村金融组织、农村金融制度、农村金融的运行机制等要素，具体如下。

（一）**农村金融机构**

各类金融组织是农村金融体系的主体，也是农村金融服务的供给者，在整个农村金融组织体系中居于基础性地位包括农村商业性金融组织、农村政策性金融组织、农村合作金融组织和民间金融组织等形态，在后面章

节中将具体展开。

（二）农村金融制度

农村金融制度指的就是国家为确保农村金融活动的顺利开展制定的一系列规章制度，目前中国农村金融制度主要包括信用制度、信贷管理制度、利率制度。

1. 信用制度

信用是金融活动的一个重要前提，在金融市场发展的初期阶段，法律制度不够完善的情况下金融业务的开展都是建立在信用的基础上的，金融借贷行为在一定程度上收到信用的约束，随着金融市场大的不断发展，信用的这种自发性约束作用对借贷双方的限制越来越小，因此国家开始以制度的形式将信用确定下来，形成了目前所见到的信用制度信用制度不是惩罚机制，而是一种预警机制，主要是通过对借贷双方的信用评级考查来确定能否参与金融活动。

2. 信贷管理制度

金融借贷是金融活动的基本形式，可以说所有的金融业务都是从金融借贷衍生出来的，做好金融借贷管理也就意味着金融活动的有序进行。农户缺少稳定的收入来源以及农业生产的高风险、低收益特征使得农村金融借贷的资质审查一向比较严格，但是随着农村经济的不断发展，农户对资金的需求也在不断提高，严格的资质审查往往导致农户无法获得贷款。对此需要将之前的资质审查流程上升为借贷管理制度，对借贷对象的要求、借贷的基本流程等进行规定。如此一来，既能够保证农村金融借贷不会出现烂账、呆账的现象，也能够提高金融借贷的效率，解决农户的燃眉之急。

3. 利率制度

如果将借贷看作商品，那么利率指的就是购买这件商品的价格，由此可以看出借贷这件商品的供需决定了价格——利率的高低。农村金融机构有以银行为代表的正规金融机构和以民间金融为代表的非正规金融机构两种，其中正规金融机构由于处于政府的管制之下，因此借贷利率始终保持在一个可以接受的范围之内。但是民间金融则不然，随着农村金融供需矛盾的日益突出，民间金融借贷利率也在迅速的提高，使得农户的资金成本不断增加，阻碍了农村经济增长。因此，利率管控应当从正规金融机构扩展到正规金融体系，应当从利率指导上升到利率制度，以法律制度的形式对农村金融借贷利率进行限定，保证农户有“商品”且能够用得起“商品”。

（三）**农村金融运行机制**

金融活动不是简单的借贷，农村金融机构作为农村金融的主体，其金融服务职能也不是直接面向农户发挥的，而是通过一系列的运行机制来完成的，目前中国农村金融运行机制主要包括融资机制、风险分担机制、运作机制、监管机制、市场准入机制等内容。

1. 融资机制

金融机构是金融的供给者，那么金融机构的资金来源在什么地方？这就涉及金融机构的融资渠道了，融资机制越完善也就意味着融资渠道越多，更意味着金融机构能够为农户提供的资金支持越多。中国农村正规金融机构与非正规金融机构的融资机制是有所差别的，一般来说，正规金融机构的融资机制涉及上级银行部门、债券、股票等，因此资金一向比较充足。而非正规金融机构的融资机制则涉及亲朋好友，融资渠道较少，能够获得的资金有限，因此不仅金融借贷的利率较高，而且运营的风险较大，一旦遇到恶意拖欠的问题就会遭受巨大损失。

2. 风险分担机制

所谓的风险分担机制指的就是金融机构出于自身利益的考虑，在金融借贷中不会选择独自承担金融风险，而是通过一系列手段将金融借贷的风险分担在借贷人身上的一种管理机制。由于农业生产的高风险、周期长、低收益特性，因此农业借贷的风险也远远的高于其他行业，对此农村金融机构在提供资金时往往是通过与保险公司合作的方式将农业借贷风险分担，即在借贷合同中强制要求农户购买农业保险，并且规定农户借贷的使用范围，一旦借贷资金超出合同规定，那么所造成的损失完全由农户承担，如此金融借贷风险就由金融机构、保险公司、农户三方共同承担。这种金融借贷风险分担机制不仅有助于提高借贷资金使用的安全性，更能够促使农村金融机构长期健康的发展。

3. 运作机制

运作机制指的就是金融机构的一系列金融服务是如何运行的，一般来说，运作机制好坏与否的两个基本评价指标是运作内容的丰富性与运作效率的高低性。其中运作内容的评估可以从金融服务手段是否具有创新性，金融业务是否覆盖农村经济的各个方面，金融服务是否能够促进农村经济增长等方面进行；对于运作效率的评估可以从金融服务流程、金融服务在农村资源配置中发挥的作用等角度进行。

4. 监管机制

金融活动虽然具有高风险性，但是它的高收益特性也是不容忽视的，这也是近些年农村民间金融发展迅速的一个主要原因。但是在农村金融发展的过程中也不可避免地出现了一些如高利贷盛行、借贷资金挪用等问题，这就需要建立相应的监管机制来对农村金融活动进行监管。一般来说，农村金融监管机制的主体有两方，一方是政府，政府主要承担着对农村金融市场进行宏观的监督，通过相关的制度政策来保证存款人和投资者的利益；另一方则是金融机构本身，金融机构通过对借贷人的监督来确定借贷人没有将资金挪用，保护自身的利益。

5. 市场准入机制

也称市场准入制度。它是国家对金融市场中活动的金融组织进行的基本干预，是政府管理金融市场、干预经济运行的制度安排，主要是国家意志干预市场的表现。国家安排合理的准入机制对于繁荣农村金融主体起着重要作用，主要包括准入资本范围确定问题、注册资本金降低问题以及准入条件和准入范围问题等。同时，农村金融组织要积极引入竞争机制、激励机制，以推进农村金融组织体系更加优化、有序。

综上所述，农村金融组织体系不是一个简单的个体，而是多种金融因素的综合，其中金融机构与农户是农村金融组织体系的主体，二者承担着金融供给与需求的角色；农村金融制度是保证农村金融能够沿着一条正确道路发展的重要保证，也是保证借贷双发利益不可或缺的措施；农村金融运行机制则是农村金融机构健康稳定发展，保证农村金融能够充分发挥其对农村经济增长作用的重要保障。

二、农村金融组织体系在农村金融中的地位及其改革意义

金融组织状况决定了金融体制和机构中各组成部分的职能与地位，以及它们之间的相互关联、活动规则及行为方式，是一国金融发展的关键因素。农村金融组织是农村金融服务职能的载体，是整个农村金融服务体系的基本支撑，该体系是否健全而有效率，在很大程度上决定着农村金融改革的成效。

（一）农村金融组织体系在农村金融中的地位

农村金融组织体系由金融机构、金融制度、金融运行机制构成。其中金融机构作为农村金融活动的主体，是农村金融的基础，金融制度是农村金融的保障，金融运行机制则是农村金融服务的载体，可以说农村金融的一切活动都是围绕着金融组织体系展开的。具体来说，农村金融组织体系的不同组成部分在农村金融中的地位也是有所差别的。

农村金融机构作为农村金融的主体，它在农村金融中的重要地位不言而喻，事实上农村金融机构是农村金融的供给者，农村金融机构的数量与质量直接关系到农村金融需求能否得到满足，如果农村金融机构较少，那么农村金融将会处于一个供小于求的环境中，农村金融利率将会不断提高，阻碍农村经济的发展此外，金融机构也是农村金融活动开展的重要场所，基本上所有的金融活动都是在金融机构中展开的。

农村金融制度是金融监管体系的一个重要组成部分，在金融发展的初

期阶段，金融制度的作用并不是很突出，但是随着农村金融的不断发展，农村金融业愈加复杂，这就需要将之前约定成俗的习惯上升到制度层面，对农村金融活动进行约束。农村金融制度的存在保证了农村金融市场的稳定运行以及公平竞争，保证了金融活动双方的利益。

金融运行机制是金融活动的载体，一切的金融服务都是通过一定的金融运行机制来实现的。金融运行机制包括融资机制、风险分担机制、运作机制、监管机制、市场准入机制等内容，融资机制保证了金融机构的资金来源，这是农村金融需求能够得以满足的基本前提，风险分担机制是降低金融机构的运行风险，保证金融机构稳定发展的重要保障，运作机制是农村金融服务能够覆盖农村经济各方各面的重要途径，监管机制既保证了农村金融的稳定，又保证了借贷双发的利益，市场准入机制是国家对农村金融干预的直接体现，避免了农村金融机构的良莠不齐。

（二）农村金融体系改革的意义

金融组织体系表征着金融系统中所有参与者地位、职能和相互关系，甚至在一定程度上决定着彼此的活动原则和行为准则。所以，从完善农村金融组织体系为切入点，通过改革农村金融组织体系，可以从根本上变革和完善整个农村金融体制的基础结构。具体来讲，农村金融体系改革具有如下几方面的意义。

1. 从宏观层面看

农村社会经济的发展必然离不开强有力的资金支持，这也就离不开农村金融的发展，农村金融一方面可以为通过融资来促进农村经济的增长，另一方面农村金融本身就是农村经济的重要组成部分，缺少金融市场的经济体系是不完整的。目前中国农村的融资渠道主要以政府拨付和金融融资为主，据国家统计局初步测算，从2015年到2020年，农村欲要实现新农村建设目标，需要投入资金20万亿元左右，而从中华人民共和国成立以来政府对农村的财政拨付来看，政府的财政支持十分有限，这就意味着通过农村金融来解决新农村建设的资金问题是唯一的选择。但是目前中国农村金融存在着商业性金融机构在农村金融供给中的地位逐渐削弱，反而成为农村资金的抽水机，大量的资金被抽调到城市区域，合作性金融组织发展混乱，金融服务仅限于地方区域，难以承担全国新农村建设的重任，政策性金融机构业务范围有限，难以给予农村金融以支持，民间金融规模较小等问题，因此从宏观层面上来看，农村金融体系改革是解决农村经济建设资金不足的唯一途径，也是新农村建设的必然举措。

2. 从中观层面看

农村金融体系改革是农村改革的重要组成部分，关系到新农村建设的发展。事实上，农村金融体系改革并不是简单的对金融机构、金融制度等进行改革，而是涉及农村经济建设的各个方面，这是由金融与经济之间的密切联系所决定的。例如金融制度的改革，金融制度是金融市场发展到一定阶段的必然产物，但是这并不意味着金融制度完全因为金融市场诞生的，相反，金融市场的发展对于金融制度的出现仅由推动作用，归根结底金融制度是社会经济发展的产物。农村社会经济的不断发展必然导致之前一些经济活动中自然形成的约束机制效用下降，这就需要将这些机制上升到制度的层面，以后以此对农村社会经济活动进行约束，金融制度正是诞生于这一背景下，正因为经济的发展导致农户思想出现了变化，进而影响农户对金融借贷的理解，促使金融制度的出现。

3. 从微观层面看

金融体系改革的一个直接表现就是农村金融网点的不断增加，自各大商业银行商业化改革以来，由于农村金融的收益周期长、效率低的员工，商业银行在农村中的营业网点被不断的压缩，使得农村的金融需求无法得到满足。而金融体系改革的一个重点就是促使商业银行将资金流入农村，增加农村的金融供给，这些都需要相应的营业网点给予支持。因此，从微观层面的角度来看，农村金融体系改革所带来的直接影响主要体现在两个方面：一个是农村的小额资金需求问题得到了解决，与非正规金融机构相比，正规金融机构的业务毫无疑问更加丰富，也能够更好地解决农村的资金需求；另一个则是农村营业网点的增加为农村金融活动提供了很大的便利，自正规金融机构纷纷从农村撤离以来，农村的金融活动就受到了抑制，农户既没有进行金融活动的场所，也没有能够给予帮助的金融机构，而营业网点的增加则将使得农村金融活动更加便捷，增加农村金融市场的活力。

三、农村金融组织体系优化的基本内涵

（一）农村金融组织体系优化的目标和原则

农村金融组织体系优化指在正确的原则指导下，通过恰当有效的改进和变革的措施方法，使现有体系向一个目标定位明确、制度规则合理、体制健全、功能良好的有机互动体系转变的过程，要完成这一转变，实现农村组织体系的优化，就必须先确定现阶段我国农村金融组织体系优化的总体目标和指导原则。

1. 总体目标

农村金融归根结底是为农村经济发展服务的，因此农村金融组织体系优化的总体目标就是以农村金融的可持续发展促进农村经济的持续稳定发展。“三农”工作的极端重要性以及农村金融发展现状的复杂性决定了农村金融组织体系的优化必须建立在一个宏观的战略高度上进行，不能将金融组织体系的优化简单地与农村金融机构的增加、金融制度的完善等同起来，而是要从资本的产入产出着手推动农村经济的增长。具体来说，农村金融组织体系优化的总体目标应当是在避免农村闲置资金流出的同时通过金融手段来不断地增加农村生产性投资，对农村生产资源进行合理配置，提高农村的社会生产力，促进农村经济的增长。

2. 指导原则

农村金融组织体系的优化不是一朝一夕就能够完成的，更不是头脑一热就能够实施的，作为国民经济的重要组成部分，农村金融组织体系关系到农村经济的发展，无论如何小心都不为过。因此，农村金融体系的优化

必须在一定的原则指导下进行。具体来说，以下几个原则是值得注意的。

（1）差异性原则。一直以来我国的区域经济发展都十分不平衡，集中体现在东部地区的经济发展水平远远高于中西部地区，在农村金融上，东部地区农村的金融发展也相当良好，可以说无论是经济还是金融我国区域经济都存在很大的差异，这就决定了在进行金融组织体系优化的过程中不能给采用“一刀切”的方法，要结合区域经济现状有针对性地采取措施。例如西部地区农村的金融需求主要体现在小额资金需求上，借贷更多的用于农业生产上，这就需要金融机构推出一些周期长，利率低，数额小的金融产品，而中部地区农村企业处于萌芽状态，对于资金的需求量较大，这就需要金融机构放宽借贷限制，扶植农村企业发展等。

（2）渐进性原则。农村金融组织体系的优化不是一蹴而就的，它需要长期的理论研究和实践探索。因此，在优化的过程中要始终坚持“摸着石头过河”的渐进性原则，避免“拔苗助长”。近年来农村金融改革已出现追赶先进之风，部分地方政府为了追逐经济发达地区的脚步，盲目地将这些地区农村发展金融的额措施照搬在本地区，不仅没有促进金融与经济的发展，反而损伤了本就脆弱的金融根基。对此，要结合本地区的经济现状，一步一个脚印地进行金融体系改革，确保每一次改革都能够充分发挥出金融对经济增长的支持作用。

（3）扶持性原则。农业的基础地位和弱质性决定了社会对农副产品的需求和农村经济社会发展对包括金融服务在内的多方面需求具有社会公共需求特征。对四个“强位弱势群体”高度交织聚集于农村这一焦点上的中国而言，这一特征更为显著。因此，政府对包括农村金融在内的农村经济社会发展就负有不可推卸的责任，农村金融服务的供给就不能完全遵循商业化、市场化原则。政府应通过组建专门的政策性金融组织和对其他农村金融组织提供适当补贴的形式来保证农村金融组织体系的健全和稳定运行。扶持性原则是我国实现农村金融可持续发展目标过程中必须长期坚持的原则。

（二）农村金融组织体系优化的指标表现

农村金融组织体系优化主要通过微观、中观和宏观三个层次的指标来加以衡量和评价。

1. 微观指标

微观指标主要是用来对农村的金融机构的绩效进行评估，20 世纪 90 年代之前，人们往往习惯于用财务指标来衡量金融机构的绩效，例如通过对金融机构的存贷款额来评估金融机构的绩效等。但是这种评估方式忽略了农村金融机构在运营过程中从社会与政府中获得的各种补贴，因此评估结果并不能够真实地反映出金融机构的绩效，也不能由此推断金融机构对农村经济增长所做出的贡献。1992 年美国经济学家 Yaron 提出了农村金融机构业绩评估的两个关键指标，即目标客户的覆盖面和农村金融机构的持续性。这两个评价指标同时兼顾了金融机构本身的业绩以及金融机构与农村之间的关系，其中目标客户的覆盖面是一个综合概念，它主要指的是有多少农村经济体成为金融机构的客户，这种衡量即包括广度上的衡量，即客户的数量，也包括深度上的衡量，即客户的类型、贫困程度等。农村金融机构的持续性则主要是通过补贴依赖指数（SDI）来衡量，补贴依赖指数是指在给定的年份中，如果完全取消所有补贴，该机构的贷款利率应该提高的百分比。补贴依赖指数为零，表示该机构已经实现完全的持续性；补贴依赖指数为 100%，表示普遍将平均贷款利率增加一倍才可以取消补贴；补贴依赖指数为负，表示该机构已经实现完全的可持续性，该负值是指其年度利润超过该年度所接受的各种形式的补贴部分。

2. 中观指标

中观指标是指从整体上对农村金融组织体系进行衡量的指标。中观指标通常从规模和速度两方面进行考察。规模指标包括农村金融机构数量、营业网点分布、从业人员人数及学历水平、年末机构的存款总额、贷款总额、资产总额等。速度指标包括存款增长率、贷款增长率、资产增长率、收入增长率和利润增长率等。这些指标从产业的视角对由农村金融组织体系所支撑的农村金融业进行反映，是对产业发展做出客观评价的重要尺度。

3. 宏观指标

宏观指标从农村经济发展的战略高度来反映农村金融组织体系对农村经济发展的作用，衡量金融对经济的贡献程度通常用金融深化指标以及金融的宏观效率指标来表示，因此，常用的指标包括农村储蓄存款 / 农村 GDP、农村贷款 / 农村 GDP、农村金融资产 / 农村 GDP、农村广义货币供给量 / 农村 GDP、农业资本形成总额 / 农村储蓄总额等。通过计算这些指标，可以确定农村金融的储蓄动员能力、农村储蓄向投资转化的效率和农村金融深化的程度等，反映出农村金融对农村经济的贡献程度，

第二节　农村金融组织体系的完善

一、农村金融组织体系完善的总体思路及建议

金融组织体系对于经济增长的重要性不言而喻，也正是意识到这一问题，自中华人民共和国成立以来，党中央和国务院就十分重视农村金融组织体系改革，虽然过程曲折，但是农村金融组织体系改革的基本思路是始终不变的。具体而言，党中央和国务院关于农村金融组织体系改革的总体思路如下。

（一）农村金融网点的广覆盖面

金融机构是金融组织体系的主体，是最主要的金融供给者，当前党中央关于农村金融机构改革的基本依据是从质量和数量的两个角度进行，其中质量指的是农村金融机构要在改革中逐渐朝着多元化的方向发展，最终实现金融机构的类型多样化，业务覆盖农村经济的各个方面；数量主要指的是经过改革农村金融机构的网点要能够覆盖所有农村，为农村经济需求提供即时服务。

（二）农村金融组织机构发展的可持续性

持续性发展是金融组织体系改革的一个基本要求，无法实现持续发展的金融组织体系是无法发挥其对经济增长的作用的。因此，中国农村金融组织体系改革的一个基本原则就是坚持可持续性原则，即不断降低农村金融组织机构的不良贷款率，提高农村金融组织机构的总利润，提高农村金融机构的资本充足率，进而实现农村金融组织持续、良性运转。

（三）重组和改革是发展的硬道理

不同时期的农村经济发展特点是有所区别的，因此一种农村金融组织体系是无法适应农村经济发展现状的，农村金融组织体系改革要坚持不断地结合农村的实际经济发展状况进行重组和改革—例如当前中国农村金融组织体系改革的重点就是建立明晰的产权制度和合理的法人治理结构，积极有效地进行商业运作。

（四）制度保障与政策支持是关键

与第二、第三产业相比，农业先天性就具有一定的劣势，因此农村经济发展需要国家金融政策的支持。这就决定了金融金融组织体系改革要将重点放在制度保障与政策支持上。

例如，在准入门槛、存款准备金率以及税收政策等方面的优惠。加速推进利率市场化改革，为繁荣农村金融服务提供有力的制度条件。同时，完善保险制度，构建农业再保险体系，使农业风险在全国范围内得到分散，加强农业保险的稳定性；可以借鉴国外的通行做法主要包含运用财税优惠政策、发展多层次农村金融机构、支持农业保险、创新风控办法；对县及县以下所有银行业金融机构实行普惠、无差别、无歧视的税收优惠政策，即“普惠”政策；在西部实行全部减免营业税，中部执行的营业税优惠，东部可不予减免的办法；政府投入利差补贴等。

（五）构建不同组织类型的协作体系

从之前以中国人民银行、中国农业银行等正规性金融机构主导农村金融到正规金融组织与非正规金融组织并存，中国农村金融组织体系改革历程表明构建不同的金融组织结构是改革的一个基本基调，这是由农村金融需求随着经济发展呈现出多样化、多层次的特点所决定的。正规金融组织固然在资本、业务等方面具有较大的优势，但是农村金融也存在一些正规金融组织无法满足的需求。因此，农村金融组织体系改革的一个基本基调就是应创造条件建立非正规金融和正规金融之间的金融联结，实践中可以放宽准入限制、吸纳民资到正规金融市场。二是促进不同规模金融机构的协作。引导大型金融机构支持农业龙头企业发展，为小型农村金融机构提供批量贷款，同时加强小额贷款公司和小型乡村银行的政策支持，将其作为连接大银行和农户的纽带，放宽小贷公司市场准入条件。大型商业银行与小型农村金融机构建立联系机制有批发贷款、代理分销、中间业务、综合业务四种具体模式。

综上所述，可以确定中国农村金融组织体系改革的总体目标是：以正规金融组织为主体，以非正规金融为辅助，以为农村经济发展提供制度保障和金融支持为重心，构建覆盖所有农村以及农村经济各个方面的金融组织体系。

二、中国农村商业性金融组织的完善

虽然自改革开放以来，由于农村金融投资收益有限，商业性金融组织开始逐渐从农村撤离，但这并没有影响商业性金融组织在中国农村金融组织体系中的主体地位，当然目前中国农村商业性金融组织在改革中暴露出的一些缺陷也是不容忽视的。

（一）农村商业性金融组织的症结及病理

1. 中国农业银行

中国农业银行成立的初衷就是为农村经济发展提供金融支持，因此中国农业银行可以说是中国农村的第一大商业性金融组织。回顾前文可以发现自中国农业银行进行商业化改革以来，农业银行的管理体制和经营方式都发生了巨大的改变，盈利已经逐渐成为中国农业银行的主要目标，这就导致中国农业银行的支农里的逐步下降，在满足农村金融市场需求上出现了一些问题，具体如下：

（1）农业银行产权主体虚化，导致经营成本上升。由于农业银行经营管理体制落后，国家与银行的财产权益之间尚未建立真正意义的利益联动，这就使农业银行经营者缺少追逐利润的内在动力，再加之政府对经营者又缺少有效的监督，这直接导致农行经营者缺少激励力，最终必然导致经营成本的上升和银行运作的低效率。

（2）政企不分现象依旧非常明显。商业化改革是中国农业银行改革的基本基调，企业化经营是中国农业银行的基本目标，在这一过程中实现政企分离是必需的。但事实上，中国农业银行至今政企不分现象明显。在业务上，由于中国农业银行自成立起国务院就将农业性政策划分到中国农业银行的业务范畴内，因此政府并没有彻底地放弃对农业银行的管制，从而导致了农业银行至今商业性业务与政策性业务并存的现状；在人事管理上，农业银行人事任用并没有实现真正的独立，政府对农业银行人事任用的干预屡见不鲜。

（3）金融机构网点布局不合理。随着国有商业银行不断退出农村市场，农行在农村机构网点越来越少，乡镇营业所机构功能也不断弱化，逐步变为仅办理农村存款和结算的组织机构。县域农行的经营收入主要靠系统上存资金获取利差，利润来源状况不良。

第四，自商业化改革以来，盈利已成为中国农业银行的首要目标，而农村信贷业务的最大特点就是收益率较低，风险高，因此农业银行虽然迫于国家政策不得不负责农村金融业务，但是这些金融业务缺少创新，无法满足当前农村的多层次金融需求。

2. 股份制商业银行

股份制商业银行起步于 20 世纪 90 年代，作为典型的商业性金融组织，股份制商业银行有其优点如业务灵活等，但是也有着其不足之处。

第一，法人治理结构不合理。股份制商业银行为了获得更多的融资，因此往往采取出售股权的方法，这就决定了股份制商业银行的股权过于分散，而每位股东的利益诉求又是有所差别的，因此股份制商业银行的内部治理十分混乱，作为控股方的董事会与银行的实际管理者'一总经理在运营失败时互相推诿的情况并不罕见。

第二，公众对它存在信任危机导致资金来源不足。农村股份制商业银行属于一个刚出现的新事物，社会对它的认知度还不是很高。农民受传统储蓄习惯认知的影响，部分农民对将钱存入农村商业银行缺乏安全感，难免会产生只存不贷的问题，这导致了农村商业银行的资金来源不足。

第三，服务人员素质较低。政府对国有商业银行的干预固然不利于国有商业银行的企业化、商业化改革，但是也保证了国有商业银行员工的素质。与之相比，股份制商业银行工作人员的综合素质就良莠不齐，违规违纪事件时有发生。

3. 非银行商业性金融机构

（1）非银行金融机构信用扩张的双刃剑效应。近年来，在农村，非银行金融机构数量不断增加，相应的非银行信用在农村社会的比重也不断上升，这种扩张产生了两面的影响，积极影响是繁荣了农村文化市场，促进了农村经济发展，但消极影响的存在便是农村非银行金融机构必须正视的问题。由于非银行金融机构数量增加和社会信用比例增大是建立在农村金融体制改革的背景下，由于法制的不健全和中央银行对其监管能力弱，也对农村金融市场产生了较大的负面影响。

（2）非银行金融机构违规经营现象严重。目前中国并没有一部关于农村非银行金融机构运营管理的法律，这就造成了农村非银行金融机构大多是以地方政策为依据运营，给予非银行金融机构以可乘之机，违规经营现象十分明显。例如超出金融机构本身的业务范围进行运营，比较常见的是本只能担任投资受托方的信托公司在没有许可的情况下涉足储蓄业务；再比如不具备贷款资质的金融机构涉足贷款业务等。

第三，过度行政干预现象严重。作为各级政府，对农村非银行金融机构的过度干预，是导致它们功能异化的重要原因。我们不能否认，有相当一部分非银行金融机构的呆账、烂账就是由于政府指令性任务造成的。

4. 民营银行

民营银行自出现以来就爆发出了巨大的生机，与股份制商业银行相比内部运营更规范，与国有商业银行相比业务更灵活，这些决定了民营银行在农村金融组织体系中占有重要地位。随着国家对民营银行扶持的一系列政策出台，民营银行取得了巨大的发展，但是仍旧存在一些不可忽视的问题，具体如下。

（1）存款保险制度缺失。存款保险制度即存款保险准备金制度，是金融保障制度的一种，是指由满足一定条件的存款性金融机构集中起来建立一个保险性质的机构，各存款机构按一定存款比例向该机构缴纳保险费，形成保险准备金，当成员机构发生危机或破产倒闭时，可以用这部分保险准备金向存款人支付部分或全部存款，目的是保护存款人的个人利益不受侵害，进而稳定金融秩序。这种制度的建立可以有效打消公众对其的信任危机，可以使民营银行更多地吸收公众存款。现阶段这种制度的缺失一是无法建立公众对其信任；二是影响筹资的规模和途径。

（2）民营银行资本缺少。与股份制商业银行不同，民营银行没有采用出售股权的方式获得融资，这固然有利于银行内部的稳定，但是也造成了银行资本短缺的问题。资本是银行的基础，资本越充足，银行的金融业务覆盖面也就越广，同时充足的资本也有利于提高农户对银行的信任度。目前民营银行资本短缺的问题导致民营银行在运营中缩手缩脚，只能涉足一些规模小，收益稳定的业务。

（3）监管当局对民营银行管理不到位。这种监管主要针对的是民营银行日常经营的必要性监管工作，如从资本与资本比率上对银行实施风险监管，从资本对风险比率进行资信标准控制，防止经营者抽逃资金现象发生等。但当前农村民营银行这些问题还比较突出。

（二）农村金融组织改革的主要内容

不同类型的农村金融组织存在的问题是有所差别的，但是总结这些问题可以发现一些共通之处，如经营战略的定位不明确、金融业务不清晰等，因此农村金融组织改革应当从以下几个方面着手。

1. 经营战略的准确定位，切实把支农纳入经营目标体系

农村金融组织构虽然也在谋求自身经济效益的最大化，但由于“三农”发展意义重大，地位突出，加之对农村金融组织的资金需求日益提升，因此，各农村金融组织要把发展农业、支持农村发展作为自己经营目标的一个部分，特别是更具有特殊性的农村金融组织，如农业银行，它是支农的重要力量，在把握整体改制、商业运作、投机上市的方向的同时，要做好支农工作。第一，经营战略的准确定位，把支农作为经营目标的重中之重。第二，组织体系变革，决策权下移。不断尝试支农“事业部”组织结构，给下面的农行更多的决策权。使下面的农行更能结合农村实际需要开发金融产品（如金穗惠农卡），可谓农行运作过程中重大的体制和机制的变革。我们可以围绕推广惠农卡和发展农户小额贷款业务工作，创新发卡方式，做实贷款功能，完善服务渠道，改善用卡环境，探索惠农卡发行整县推进、农户小额贷款集中发放与管理的有效模式，努力实现惠农卡全覆盖、农户小额贷款广覆盖。第三，农行产品开发的创新。不断开发一些更适合农民需求，符合农民用款特点的新产品。

2. 创新农村商业金融组织信贷服务的种类

农村金融组织在制定发展金融业务时需要针对农村当前金融需求的空白来进行，如此一来既能够保证金融业务的竞争性，也能够弥补农村金融业务的不足。相反，所有农村金融组织一股脑地办理同一种金融业务只会因巨大的竞争压力导致金融组织的利益受损。

3. 成立企业担保中介

农村中小企业、农民贷款的一个突出问题是自身条件达不到商业金融组织的要求，农村商业金融机构贷款于这样的用户往往与自身追求经济效

益最大化相悖，这都极大地影响了自己的供给。因此，我们有必要在农村由当地地方政府部门牵头，会同一些企业共同成立中小企业、农民用款担保中心，来尽力解决中小企业、农村发展中出现的资金瓶颈问题。

4. 积极探索农村贷款保险业务

金融支农的一个主要表现就是各类贷款业务，近年来农业保险业逐渐受到重视，积极地探索农村贷款与保险业务应当成为农村金融组织改革的着眼点一方面农村金融组织应探索农业贷款的多样性，为农户提供不同的信贷供给；另一方面为了确保农业生产的安全性，金融组织也应当涉足农业保险领域，在降低农业生产风险的同时也提高了农业贷款的安全性，避免贷款人因生产风险出现无法偿还贷款的现象。

邮政储蓄又进一步深化改革，主要是通过参与银团贷款的方式，将大宗邮储资金批发出去，投入国家“三农”重点工程、农村基础建设等领域，成为中国农村金融组织改革的先行者，邮政储蓄改革内容主要包括以下内容。第一，加强商业化运作过程。第二，积极开展存单小额质押贷款业务。但此项工作在有些地方开展得并不是很好，但是为后来农村金融组织改革提供了借鉴。

三、中国农村政策性金融组织的改革

一方面，农业生产先天就具有明显的缺陷，如风险高、收益周期长等；另一方面与城市经济相比，农村经济发展较为滞后。这两个因素决定了政策支持在农村经济发展中是必不可少的，政策性金融组织在农村金融组织体系中具有十分重要的地位。

（一）农村政策性金融组织的症结及病理

第一，政策性农村金融机构现阶段表现出来的主要问题在于支农职能有限。新农村建设需要资金额巨大，这是完全靠财政资金无偿投入是不够的，政策性金融机构本应发挥重要补充作用，但从政策性金融机构发挥作用的实际情况看，政策性金融组织支农范围狭窄，支农力度不够，中国农业发展银行作为农业政策性金融组织机构。特别是一些新农村基础设施建设急需政策扶持开发，却因资金不到位而无法运转。

第二，资金来源制度不合理。中国农业发展银行的资金主要来源于中国银行的再贷款、用户储蓄以及部分债权融资，但是中国银行的再贷款是农业发展银行的主要资金来源，占据总资金的95%以上，融资结构十分不平衡，对农业发展银行带来了极大的影响。

第三，经营效率与资金运用效益较低。农业发展银行几乎所有的金融业务都是围绕着国家支农政策进行的，这种金融业务办理方式一方面促进了国家支农政策的推行，但是另一方面也造成了农业发展银行在金融业务上创新力度较弱，经营效率与资金使用效率收益较低的问题。

（二）农村政策性金融组织改革的主要内容

在经济不发达阶段，供给领先型金融应居于主导地位，因此对我国农村来说，政策性金融组织不可或缺且发挥着不可替代的重要作用。农发行积极拓展支农领域，形成了“一体两翼”的业务发展格局，由过去单一支持粮棉油购销储业务，逐步形成以粮棉油收购贷款业务为主体，以农业产业化经营和农业农村中长期贷款业务为两翼，以中间业务为补充的多方位、宽领域的支农格局。为使农发行成为农村金融体系的支柱和骨干，农发行改革要做好如下工作。

1. 加强农发行各项基础性工作

目前中国农业发展银行的基本业务是粮棉油贷款，每年农业发展银行用于粮棉油贷款的资金占据全年粮棉油产量的一半以上，对此农业发展银行一方面要继续加强粮棉油贷款工作，另一方面也要积极拓展新的业务空间，例如发展农业产业化经营贷款业务、农业科技研发贷款业务、农村基础设施贷款业务等。

2. 建立现代企业制度

中国农业发展银行真正按照“产权清晰、权责明确”的要求建立完善公司治理结构，只有这样才能实现决策的科学化，以便更好地防范金融风险，实现和提高经济效益。我们要加强以下两个方面的工作，以便建立更有效的现代企业制度。第一，董事和董事会、监事和监事会要发挥实际意义，不要形同虚设；第二是，有效的内部制衡机制、激励机制的建立可以有效地提高自身运行效率。

3. 优化资金营运机制

目前农业发展银行存在的一个重大问题就是资金运营效率较低，这固然是由其政策性金融业务所导致的，但是银行本身的创新力度不够也是不容忽视的一个重要原因。因此，农业发展银行不仅要积极地拓宽融资渠道，摆脱对中国银行再贷款依赖性过高的现状；另一方面也要对现有资金进行更加合理的应用，根据农村经济发展需求创新业务。

4. 建立有效的风险防控机制

合理有效的风险防控机制对于农业发展银行的正常运行十分必要，这是一个复杂动态的工作。我们的具体做法是：完善内部控制体系，形成部门内部自我约束、部门之间相互制约、上级行对下级行有效控制的机制，实行领导干部任期、离任责任稽核、加强监督检查、严厉惩治违规违纪违法行为等措施。进一步完善信贷管理制度、信贷管理责任制和审贷分离制度，形成一个有效地防范风险的内控机制。

四、中国农村合作性金融组织的改革

合作性金融组织产生于中国集体经济时期，对中国农村经济发展做出了巨大的贡献，其中农村信用社更是成为中国农村金融组织体系的基层金融机构。目前中国农村金融组织体系改革进入关键时期，以农村信用合作社为代表的合作性金融组织受到了一系列的影响和挑战，如何抓住改革机遇，迎来新一轮的发展成为农村合作新金融组织亟待解决的问题。

（一）农村合作性金融组织的症结及病理以农村信用社为例

1. 历史遗留问题严重

农村现存信用社绝大多数是在原来信用社基础上通过改革重组建立起来的，这就涉及原有和新的亏损和积累的权责划分问题，特别是对于一些亏空问题，究竟由谁来买单，这个问题很难说清。

2. 体制问题

农村信用社的前身是集体经济时期的农村信用合作社，它是由一批农户共同出资成立的，也就是说农村信用社并不具备“官办”色彩，但是在长期的改革中农村信用社先后与银行营业所合并，被纳入中国农业银行管辖范围中，导致了农村信用社的“官办”意识非常强烈使得本属于合作性金融组织的农村信用社股东的股金分红权无法实现，对国有银行的依赖性较高，影响了农村信用社的发展

3. 经营问题

很多农村信用社不愿从事农业贷款和小额信贷的服务，而是把贷款对象直接指向工商企业，加之自身风险防范机制尚未建立，不良贷款额度较大；另一个方面，现阶段农村信用社的资本来源很大一个方面是农户的定期存款，这无疑也加重了农村信用社的筹资成本，在经营服务过程中，农村信用社金融服务手段单一，缺乏创新性，这都严重制约农村信用社的发展。

（二）农村合作性金融组织改革

农村信用社改革开始扩展到全国各地，取得了巨大的成功农村信用社改革的成功与以下两点因素是密不可分的。

1. 国家的政策扶持

上文已经提及，农村信用社比较特殊，历史遗留问题比较严重，为了减轻农村信用社的历史包袱，推进改革试点工作顺利进行，国家应给予扶持优惠政策如税收减免政策。通过政策这种有效的工具促进农村信用社更好更快的发展。应放宽合作金融市场准入限制、加大税收优惠、政府提

供融资帮助；创造公平竞争、信用良好的农村金融环境，对信用社承担的政策性业务制定优惠政策和激励机制，约束地方政府行政干预，加强法制建设。

2. 产权制度优化是改革成败的关键

对于农村信用社而言，改革需要首先解决的就是信用社的产权问题，特殊的发展经历决定了农村信用社的产权制度较为混乱，一方面是信用社本身采用的多元化主体，股权结构多元化的产权方式；但另一方面多年的“官办”意识导致农村信用社自诩为国家企业，二者的矛盾造成了农村信用社产权不明晰的问题。正如《深化农村信用社改革试点方案》所强调的，明晰产权关系成为农村信用社改革成败的关键。在改革中，农村信用社一方面确定了合作性金融组织的特性，另一方面则是对信用社的股份构成进行查证，确定了每一位参股方的股份，股份制改革成为农村信用社产权制度改革的重中之重。

另外，农村信用社体制改革能否顺利进行，在很大程度上取决于防止本地政府或行政部门对其经营活动的直接干预。应制定相应的法规来保护农村信用社的经营自主权，从制度上禁止以行政权力指派和分配贷款的不正常行为。

五、中国农村民间性金融组织的改革

虽然一直以来民间金融的高利率、不正规等缺陷饱受指责，但是它对于农村经济的发展和金融组织体系完善的重要性是不言而喻的，民间金融的非正规性恰恰弥补了正规金融组织的短板，即对于农村小额、短期的金融需求无能为力的现状。对于民间金融应当采取规范其经营，克服其缺陷的做法。

（一）农村民间性金融组织的症结及病理

据调查，中国农民来自非正规金融市场的贷款大约为来自正规信贷机构的4倍。但我国农村民间金融组织还存在诸多问题。

1. 从技术角度来讲，政府难于进行有效的宏观调控

民间金融组织一个显著的特点是区域性较强，特别是一些农村民间金融存在于偏远地方，很难运用现代化技术进行经营和管理；加之本身民间金融偏向选择非正当竞争的方式以与正规金融组织抗衡，这种行为缺乏完备的法律保护，又不能及时发现，很容易导致犯罪行为的发生。

2. 监管成本高

民间金融几乎覆盖了中国所有农村，规模较小决定了民间金融组织众多，再加上民间金融以独立经营为主，这就决定了金融监管部门欲要实现对民间金融的即时监管几乎不可能。

3. 民间金融抗风险能力普遍较弱

民间金融资金规模小、经营活动范围窄，这种区域性、小规模的经营方式不利于业务范围拓展和自身的发展，但民间金融同样面临金融市场瞬息万变带来的各种挑战：受到正规金融机构的强烈冲击，导致自身经营风险大，但抗风险能力偏弱。

（二）农村民间性金融组织改革的主要内容

民间金融改革的关键在于运营管理的规范以及借贷双方合法权益的保护上，因此民间金融的主要改革内容包括。

1. 加速民间金融组织正规化进程

民间金融之所以运营管理不规范，很大原因在于国家政府对民间金融态度的“暧昧性”，一方面政府并不否认民间金融的存在，另一方面因之前高利贷盛行，携款而逃事件层出不穷，政府对于民间金融始终抱着高度的警惕性，这种矛盾态度导致目前中国并没有关于民间金融市场准入和退出机制的相关政策规定，民间金融组织管理也处于摸索状态。因此，如何将民间金融组织正规化，促使民间金融走上前台成为农村民间金融组织改革的重点之一。

2. 合理的市场定位

不规范的经营管理导致民间金融借贷双方的合法权益无法得到保障，采取何种做法来保护借贷双方的权益是民间金融组织改革的重要内容对此一方面政府要承认民间金融的合法性，鼓励民间金融主动融入农村金融组织体系中，这便于政府更好地对民间金融组织进行监管；另一方面，对于民间金融利率较高的问题，政府要出台相应的法律法规来限定利率的上限和下限，这有利于维护双方的权益。

第十章　农村经济发展中金融支持的评价

第一节　农村金融发展与经济增长现状

一、农村经济发展现状

自中华人民共和国成立以来，中国农村先后经历了土地改革、农业合作化、人民公社、家庭联产承包责任制改革等历程，农村经济出现了巨大的变革，取得了令世人瞩目的成就。自改革开放以来，中央政府就始终将农村经济发展作为社会主义市场经济建设的重心。具体来说，自中华人民共和国成立以来，中国农村经济发展成效主要集中在以下四个方面：

（一）**农业生产力大幅提高，农业结构不断调整优化**

经历农村土地改革、农业合作化、公社化，尤其是改革开放以来的一系列农村改革，中国农村经济取得了举世瞩目的成就。而且随着农业总产值的增加，农村结构也不断得到优化。改革开放以后，林业、牧业和渔业占第一产业的比重迅速得到提升。

（二）**农民收入不断增加，消费结构有了较大变化**

农民收入增长是中国农村经济发展的直接体现，而消费结构的巨大变化则从侧面反映了农村经济结构的变化。在中华人民共和国成立初期，经历了近百年的动荡，农民的生活极其贫困，收入极低，温饱难以解决。与此相对应的是农村的消费结构也出现了巨大的变化，从之前的生活消费为主逐渐转变为娱乐消费为主，生活消费为辅，反映了农村经济正朝着多元化的方向发展。

（三）**农业要素投入增加，生产条件得以完善**

国家提出建设社会主义新农村，实行工业反哺农业、城市反哺农村的方针，给予农村更多的财政支持。在劳动力投入方面，农村劳动力长期处于增长趋势。随着市场开放、经济发展和劳动生产力的提高，从 20 世纪 90 年代末期开始，大量农村剩余劳动力转移到城市，为城市和工业发展做出了贡献。随着要素投入增加，农业生产条件不断得以完善，农业机械化水平不断提高。

（四）**农产品供给量增加，品质不断得到优化**

中华人民共和国成立之初，中国的粮食总产量只有 1.1 亿吨左右，之后经过土地改革，中国的粮食从产量得到了迅速的增长达到了 1.5 亿吨，但是后来“大跃进”“人民公社化”在一定程度上提高了粮食产量，因此自中华人民共和国成立以来，除了三年自然灾害导致粮食减产以外，中国粮食产量始终处于稳步增长状态。。农产品供给量的增加不仅体现在总产量的增长上，更体现在农产品的多样化上，自中华人民共和国成立以来，畜禽、水产、果蔬等农产品的供给量也不断增长。

虽然中国农村经济的发展有目共睹，但是与城市经济相比，农村经济仍旧存在很大的不足，主要体现在以下几个方面：

1. 农民收入仍然偏低，城乡差距大

随着农村社会经济的不断发展，农民的收入较之以往有了很大的提高，但是对比城市居民的收入，可以发现农民收入的增长速度远远低于城市居民，城乡收入差距极大。导致这一问题产生的原因是多方面，一方面农村本身就处于产业链的下游，再加上农业生产周期长，风险高，因此以农业生产为主的农民收入增长较满；另一方面社会经济发展带来的物价的上涨，农业生产成本也在不断提高，如此农业生产的收益对于农民收入生长的作用并不是很大。值得注意的是，改革开放以来，在农村经济增长缓慢的同时，城市经济因国家政策的调整进入了快速发展时期，因此城乡差距越拉越大。城乡差距大不仅仅体现在收入上，也体现在城乡人均储蓄余额以及城乡消费水平上.

2. 农村生产性投资不足

近年来，城乡之间固定资产投资差距逐渐拉大，尤其农村与城市的固定资产投资规模迅速扩大：农村投资的问题除了资金的限制外，还受到投资动力不足、投资“技术”条件差和投资引诱不足的约束。农民缺乏生存和竞争的压力，单门独户抗风险能力低下，使得农民通过投资来改善生活和生产条件的动力不足。目前，农村地区的交通、通信、市场条件和新技术的获得及掌握能力均较差，一些地方政府机构办事效率低，官僚主义、腐败现象严重，这都使农村投资者投资欲望降低。

3. 农业经营规模狭小

家庭联产承包责任制的实施固然极大地提高了农民的生产积极性，但是该制度也对农业生产带来了一定的负面影响：其一是家庭联产承包责任制的实施导致农业生产从大规模集体生产转变为个人小规模经营，这一转变使得农业生产的规模化效应无法实现，农业的经济效益并不明显；其二是小规模经营导致了农业生产技术因成本较高的缘故无法被广泛地应用于农村生产中；其三是小规模的经营导致农村家庭出现了一定的剩余劳动力，而农村吸纳剩余劳动力的产业有限，造成了人力资源的浪费。

二、中国农村金融发展现状

改革开放以来，中国农村金融组织体系改革也并没有停下脚步，在国家的宏观管控下，农村金融取得了巨大的发展，主要体现在以下几个方面。

（一）农村金融服务体系雏形基本形成

金融服务是金融组织体系的直接载体，金融服务的覆盖面是金融发展的直接体现，经过近四十年的改革，目前中国农村已经形成了以商业性、合作性、政策性金融机构为主，民间金融为辅的金融体系，金融业务也逐渐覆盖农村经济的各个方面。例如在改革开放之前，农村金融机构以正规性金融机构为主，民间金融大多被国家取缔，这种情况下金融业务仅仅覆盖了农业贷款，农村经济其他金融需求无法得到满足。而改革开放之后，国家对于农村金融的管制力度逐步削弱，一方面赋予了正规金融机构更多的自主权，使得正规金融机构能够根据农村的金融需求创新金融业务；另一方面国家虽然没有出台法律法规，但是对于民间金融的存在采取了默认态度，使得民间金融再次兴起，民间金融的出现很好地满足了农村金融小额信贷需求。可以说，目前中国农村在正规与非正规金融机构的共同努力下已经形成了一个全面的金融服务体系。

（二）支农信贷有力地支持和促进农村经济的发展

农村金融需求主要集中在信贷需求上，信贷供给强度决定了农村经济能否迅速的发展。农村经济的迅速发展使得金融机构意识到投资农村具有良好的前景，因此农业银行、邮政储蓄银行等金融机构开始改变之前撤离农村的行为，加大对农业信贷资金的支持力度，这种做法有力地推动了农村经济的迅速发展。支农信贷的不断增加意味着农村拥有更多的可支配资金，能够应用更好的农业生产设备与技术，乡镇企业能够进一步的扩大规模，这种情况下农村经济实现稳步增长也是情理之中。

虽然自改革开放以来中国农村金融改革取得了巨大的成效，也很好地反哺了农村经济，促进了农村经济的发展，但是也不能忽视农村金融改革中存在的不足。目前中国农村金融主要存在以下几点问题：一是农村经济的货币化程度较低，农业产品难以化为货币，再加上农业产品的季节性较强，货币流动效率低，这不利于农村金融的发展；二是农村金融的“二元化”现象明显，关于农业生产的金融组织体系较为完善，这是国家政策偏移以及多年的改革实践所带来的，但是农村其他经济领域的金融体系较为粗糙，金融抑制现象并没有彻底消失，从而造成了农村金融“一半成熟，一半落后”的二元化现象。总而言之，与城市金融、经济相比，农村金融、经济存在很大的不足。

第二节　农村经济发展中金融支持的评价模型

一、模型的建立

金融支持农村经济发展是一个十分抽象的概念，原因就在于单独的将金融视为农村经济发展的唯一动力是不可能的，这种情况下又该如何将其他因素摒弃，从而判断金融对经济发展的支持力度呢？对此问题，中国著名学者邓聚龙在 1982 年提出灰色系统理论的概念，该理论的核心观点就是利用已知信息来确定系统的未知信息，具体操作是通过将系统中的相关要素进行量化，然后进行比较，得出它们之间的关联程度，从而使得系统从之前的未知“灰”状态转变为可知的“白”状态。灰色系统理论从本质上来说是一种相对性的排序分析，根据序列曲线的相似程度来分析相关因素的联系十分紧密，曲线越相似说明联系度也就越高。同样的道理，将该理论用于金融支持农村经济发展评价中是可行的，将金融视为灰色系统中的一个主要因素，农村经济则是另一个因素，分析两个因素序列曲线的相似程度，相似度越高说明金融与农村经济的联系度越高，说明金融对农村经济发展的支持度越大。

二、评价因素建立

为了能够清晰地揭示农村经济发展、农民收入与农村金融之间的联系，本书对中华人民共和国成立以来的金融发展资料进行了查阅，在资料分析中发现目前中国农村金融虽然初步实现了多样化发展，但是中国农业银行、中国农业发展银行与农村信用社在农村金融中仍旧占据绝对的主体地位，承担了 80% 以上的农村信贷业务，因此分析这些银行对农村经济的作用就能够在一定程度上确定农村金融与农村经济增长之间的关系。此外，由于农业发展银行属于政策性银行，其业务对象主要是商业部门，如粮棉油收购部门，因此对于农村经济而言，农业发展银行的作用较小。因此，本书主要将中国农业银行和农村信用合作社作为主要的研究对象，在考虑到数据的可得性以及它们对农村经济发展状况的影响程度等方面后，本书分别使用了如下两组指标来反映农村金融对农村经济增长的支持以及农村金融对农民收入的影响。

本书认为对农村金融发展现状的评价不仅要对农村金融数量进行评估，更要考虑到农村金融结构是否完善，农村金融效率的高低这两个因素。因此，本书选择了金融发展规模、金融发展结构、金融发展效率三大指标来对农村金融发展现状进行综合评价。

（一）金融发展规模指标

金融资产规模相对于国民财富的扩展是金融发展水平提高的一个主要表现。

（二）金融发展结构指标

改革开放以来，乡镇企业作为农村工业化的生力军，在促进产业结构调整方面起着重要的作用。

（三）金融发展效率指标

农村经济发展指标应当通过农村 GDP 来进行评价，农村 GDP 能够真实地反映农村经济的发展状况，但是由于农村 GDP 资料不够完整，因此本书选择了农业 GDP 作为主要的评价指标，鉴于中国人口众多的国情，本书采用农村人均 GDP 作为农村经济增长指标，简单记为：RPGDP，用农业 GDP 与农村人口数的比值计算而得。同时，反映农民收入的指标则采用了年鉴中的农民年人均纯收入，本书认为，较之农民年人均总收入，农民年人均纯收入能够更好地反映农民收入的增长状况，所以本书选用农民人均纯收入作为反映农民收入状况的指标。

三、评价分析过程

无论在哪一个时期，对农民人均纯收入的提高支持度最大的都是农村金融效率，其次是农村金融结构，最后是农村金融规模。这与农村经济增长支持不同。原因在于两个方面：一个是农民的金融需求本就十分有限，在金融规模能够满足需求的情况下，金融效率的高低决定了农民通过借贷增加经济收益的效率，因此金融效率对农民人均纯收入的增长是十分明显的；另一个则是农民的金融需求是多种多样的，而金融结构则决定了农民的金融需求能否得到满足，农民金融需求得到满足也就意味着农民收入的增长。

参 考 文 献

[1] 张芳丽，杨唯希，刘春英主编 . 农村经济小百科 [M]. 济南：山东人民出版社 .2016.

[2] 叶兴庆主编 . 农村经济调查与研究第 2 部 [M]. 北京：中国发展出版社 .2016.

[3] 张永良，何苗主编；康鹏，苏蕊芳副主编 . 农村经济组织理财实务 [M]. 咸阳：西北农林科技大学出版社 .2016.

[4] 董艳敏主编 . 农业与农村经济问题研究 [M]. 太原：北岳文艺出版社 .2016.

[5] 李正图著 . 混合所有制经济研究 [M]. 上海：上海社会科学院出版社 .2016.

[6] 俸晓锦著 . 创业视角下民族地区农村经济共享式发展研究以广西为例 [M]. 合肥：合肥工业大学出版社 .2016.

[7] 饶旭鹏著 . 农户经济行为与农村社会治理研究 [M]. 北京：光明日报出版社 .2016.

[8] 冯蕾著 . 中国农村集体经济实现形式研究 [M]. 北京：新华出版社 .2016.

[9] 孙雷主编 . 上海农村集体经济产权制度改革实践与思考 [M]. 上海：上海财经大学出版社 .2016.

[10] 王新哲，熊娜著 . 社会转型期北部湾经济区农村劳动力流动问题研究 [M]. 北京：北京理工大学出版社 .2016.

[11] 葛志强编 . 青海省经济史 [M]. 太原：山西经济出版社 .2016.

[12] 刘兴树著 . 农村法律问题应用研究 [M]. 长沙：湖南师范大学出版社 .2016.

[13] 胡兵著 . 中国农村基层治理研究 [M]. 上海：华东理工大学出版社 .2016.

[14] 陈学华主编 .2017 四川经济展望 [M]. 成都：四川人民出版社 .2016.

[15] 陈冲著 . 不确定性条件下中国农村居民的消费行为研究 [M]. 北京：中国经济出版社 .2016.

[16] 刘林忠主编 . 农村经纪人 [M]. 石家庄：河北科学技术出版社 .2016.

[17] 黄剑著 . 农村妇女能力建设项目的社会学研究以广东湛江的实践为例 [M]. 北京：中国经济出版社 .2016.

[18] 樊怀玉主编 . 农村统计工作实务 [M]. 兰州：甘肃科学技术出版社 .2016.

[19] 罗莉等著 . 西藏自治区经济史 [M]. 太原：山西经济出版社 .2016.

[20] 张占军主编 . 农村会计培训教程 [M]. 石家庄：河北科学技术出版社 .2016.

[21] 林晓梅，钱茜著 . 农村经济发展的金融支持研究 [M]. 成都：电子科技大学出版社 .2017.

[22] 杨冠三，姜斯栋，娄健著 . 中国农村社会经济状况 2012[M]. 上海：上海远东出版社 .2017.

[23] 徐志文著 . 农村公共投资对城乡经济一体化作用研究 [M]. 合肥：合肥工业大学出版社 .2017.

[24] 王翠霞著 . 农村养殖区域能源生态经济系统的反馈仿真研究 [M]. 南昌：江西高校出版社 .2017.

[25] 杜建军著 . 农村劳动力转移价格扭曲、变化趋同与中国经济发展

[M]. 上海：汉语大词典出版社 .2017.

[26] 王海飞，丁孝智，周丽等主编 . 农村现代化的探索与实践德庆县农村综合改革研究 [M]. 北京：新华出版社 .2017.

[27] 卢鹤，李欣 . 新农村村民参政议政知识问答 [M]. 石家庄：河北科学技术出版社 .2017.

[28] 李彦锋，白洪鸽编著 . 新农村农民工外出打工知识问答 [M]. 石家庄：河北科学技术出版社 .2017.

[29] 伍振军著 . 农村地权的稳定与流动 [M]. 上海：上海远东出版社 .2017.

[30] 李滨涛 . 新农村金融知识问答 [M]. 石家庄：河北科学技术出版社 .2017.

[31] 孙自铎著 . 安徽农村改革实践研究 [M]. 合肥：中国科学技术大学出版社 .2017.

[32] 窦婷婷 . 新农村特色乡村旅游知识问答 [M]. 石家庄：河北科学技术出版社 .2017.

[33] 王佳楣著 . 农村金融创新团队系列丛书陕西农村金融市场开放、效率及其影响机制研究 [M]. 北京：中国金融出版社 .2017.

[34] 上海财经大学国民经济运行报告编写组，上海市金融信息技术研究重点实验室编写 . 公共经济与管理前沿系列 2015 国民经济运行报告 [M]. 上海：复旦大学出版社 .2017.

[35] 乌日图著 . 中国农村的现状与未来 [M]. 延吉：延边大学出版社 .2017.

[36] 彭静著 . 农村财务管理与会计 [M]. 重庆：重庆大学出版社 .2017.

[37] 高志强主编 . 农村社会实践指导 [M]. 长沙：湖南科学技术出版社 .2017.

[38] 孙业利著 . 公奔去农村 [M]. 上海：上海科学技术文献出版社 .2017.

[39] 薛建中，楚建义，李聚山著 . 农村基层党组织建设创新研究 [M]. 石

家庄：河北人民出版社 .2017.

[40] 尚培林，胡澜著 . 凉山彝区农村社会问题研究 [M]. 成都：四川大学出版社 .2017.

[41] 厉以宁著 . 国民经济管理学 [M]. 北京：商务印书馆 .2018.

[42] 叶兴庆主编 . 农村经济调查与研究第 3 部 [M]. 北京：中国发展出版社 .2018.

[43] 李志新，齐玉梅，胡星宇主编 . 电子商务营销与农村经济发展 [M]. 北京：中国商务出版社 .2018.

[44] 韦夷著 . 乡村生态化旅游与农村经济增长研究 [M]. 吉林出版集团股份有限公司 .2018.

[45] 颜昌盛，汪睿著 . 民国时期农村经济问题研究以《乡村建设》为考察对象 [M]. 北京：商务印书馆 .2018.

[46] 王斐著 . 西部地区农村卫生经济政策研究 [M]. 北京：中央民族大学出版社 .2018.

[47] 吴雪辉编著 . 茶油加工与综合利用技术“金土地”新农村书系经济作物编 [M]. 广州：广东科学技术出版社 .2018.

[48] 张全红，周强著 . 中国经济转型与创新驱动发展研究丛书中国农村多维贫困的测度与反贫困政策研究 [M]. 武汉：华中科技大学出版社 .2018.

[49] 陈洁 . 我国传统牧区转变畜牧业发展方式问题研究中国经济论丛新农村建设专辑 [M]. 上海：上海远东出版社 .2018.

[50] 徐勇著 . 中国农村村民自治 [M]. 北京：生活・读书・新知生活・读书・新知三联书店 .2018.

[51]（美）福克讷著；王锟译 . 经济学名著译丛美国经济史上卷 [M]. 北京：商务印书馆 .2018.

[52] 王立国主编 . 天津市经济社会形势分析与预测经济卷 [M]. 天津：天津社会科学院出版社 .2018.

[53] 范红忠著 . 中国城市经济转型发展 [M]. 武汉：华中科技大学出版

社 .2018.

[54] 吴宝新主编 . 北京农村研究报告 2017[M]. 北京：中国言实出版社 .2018.

[55] 赵由才，赵慧敏，曾超等编著 . 农村生活垃圾处理与资源化利用技术 [M]. 北京：冶金工业出版社 .2018.

[56] 王德福 . 农村产权改革的社会风险 [M]. 武汉：华中科技大学出版社 .2018.

[57] 杜润生著 . 中国农村改革发展论集 [M]. 北京：中国言实出版社 .2018.

[58] 费孝通著 . 江村经济 [M]. 北京联合出版公司 .2018.

[59] 徐勇，邓大才主编；李俄宪主译；李俄宪译 . 满铁农村调查地方类第 1 卷 [M]. 桂林：广西师范大学出版社 .2018.

[60] 求嫣红主编 . 财政与绍兴新农村建设 [M]. 宁波：宁波出版社 .2018.

[61] 张洪武著 . 中国农村反贫困问题经济学研究以国定贫困县为研究重点 [M]. 北京：经济日报出版社 .2019.

[62] 王昉著 . 中国近代化转型中的农村地权关系经济思想的变迁与制度构建 [M]. 上海：上海财经大学出版社 .2019.

[63] 刘拥军，吕之望主编 . 外国农业经济 [M]. 北京：中国农业大学出版社 .2019.

[64] 甄广印编著 . 农村生物质综合处理与资源化利用技术 [M]. 北京：冶金工业出版社 .2019.

[65] 刘永佶著 . 中国政治经济学探究 [M]. 济南：济南出版社 .2019.

[66] 宁夏社会科学院编 . 宁夏经济发展报告 [M]. 银川：宁夏人民出版社 .2019.

[67] 孟捷，龚刚主编 . 政治经济学报第 13 卷 [M]. 上海：格致出版社 .2019.

[68] 周小川著 . 数学规划与经济分析 [M]. 北京：中国金融出版社 .2019.

[69] 李悦编著 . 产业经济学第 5 版 [M]. 东北财经大学出版社 .2019.

[70] 丁任重著 . 当代中国马克思主义政治经济学的品质 [M]. 济南：济南出版社 .2019.

[71] 张承慧，潘光伟等编著 . 中国农村金融发展报告 2017–2018[M]. 北京：中国发展出版社 .2019.

[72] 周亚，朱章海主编 .2018–2019 上海经济形势 [M]. 格致出版社，上海人民出版社 .2019.

[73] 王文月，葛立群编著 . 农业农村现代化与产业科技创新研究 [M]. 北京：科学技术文献出版社 .2019.

[74] 刘洁，陈静娜编著 . 区域发展的经济理论与案例 [M]. 北京：海洋出版社 .2019.

[75] 张倩著 . 城市规划视野下的城市经济学 [M]. 南京：东南大学出版社 .2019.

[76] 贾敬敦编著 . 农业农村现代化与科技创新重大问题研究 [M]. 北京：科学技术文献出版社 .2019.

[77] 天津市精神文明建设委员会办公室，天津市农业农村委员会，天津广播电视台编 . 新农村新乡贤 [M]. 天津：天津人民出版社 .2019.

[78] 宗成华，张新爱，刘慧著 . 中国西部农村居民消费结构变动研究 [M]. 上海：上海交通大学出版社 .2019.

[79]（中国）刘艳梅 . 中国农村改革 40 年 [M]. 石家庄：河北人民出版社 .2019.

[80] 王曙光，王丹莉著 . 维新中国中华人民共和国经济史论 [M]. 北京：商务印书馆 .2019.